天津市教委人文社科重大项目"京津冀协同发展策略研究"
（2016JWZD35）资助项目

STUDY ON THE REGULATION OF
GRAIN PRICE FLUCTUATION IN CHINA TO
SUPPORT EFFECTIVE GRAIN PRODUCTION

支持粮食有效供给的
我国粮食价格波动调控研究

王双进 著

中国财经出版传媒集团
经济科学出版社
Economic Science Press

图书在版编目（CIP）数据

支持粮食有效供给的我国粮食价格波动调控研究／
王双进著. —北京：经济科学出版社，2018.9
ISBN 978 - 7 - 5141 - 9729 - 7

Ⅰ.①支…　Ⅱ.①王…　Ⅲ.①粮食－物价波动－
物价调控－研究－中国　Ⅳ.①F323.7②F724.721

中国版本图书馆 CIP 数据核字（2018）第 208618 号

责任编辑：崔新艳
责任校对：隗立娜
版式设计：齐　杰
责任印制：王世伟

支持粮食有效供给的我国粮食价格波动调控研究
王双进　著
经济科学出版社出版、发行　新华书店经销
社址：北京市海淀区阜成路甲 28 号　邮编：100142
经管中心电话：010 - 88191335　发行部电话：010 - 88191522
网址：www. esp. com. cn
电子邮件：espcxy@ 126. com
天猫网店：经济科学出版社旗舰店
网址：http：//jjkxcbs. tmall. com
北京季蜂印刷有限公司印装
880 × 1230　32 开　7.25 印张　200000 字
2018 年 9 月第 1 版 2018 年 9 月第 1 次印刷
ISBN 978 - 7 - 5141 - 9729 - 7　定价：38.00 元
（图书出现印装问题，本社负责调换。电话：010 - 88191510）
（版权所有　侵权必究　举报电话：010 - 88191586
电子邮箱：dbts@ esp. com. cn）

本项目受天津市教委人文社科重大项目"京津冀协同发展策略研究"（2016JWZD35）资助

前　言

　　党中央、国务院历来高度重视"三农"工作和粮食安全问题。改革开放40年来，党中央、国务院共发布20个指导"三农"工作的中央"一号文件"；进入21世纪以来，连续发布15个中央"一号文件"锁定"三农"问题。尤其是党的十八大以来，以习近平同志为核心的党中央坚持把解决好"三农"问题作为全党工作的重中之重，从世情、国情、农情出发，提出了"以我为主、立足国内、确保产能、适度进口、科技支撑"新的国家粮食安全战略，深入实施"藏粮于地、藏粮于技"战略，持续加大强农惠农富农政策支持力度，农业农村发展取得了显著成就。习近平总书记在党的十九大报告中强调指出，"农业农村农民问题是关系国计民生的根本性问题，必须始终把解决好'三农'问题作为全党工作重中之重""实施乡村振兴战略""要坚持农业农村优先发展……加快推进农业农村现代化""确保国家粮食安全，把中国人的饭碗牢牢端在自己手中"。

　　2004年以来，以粮食最低收购价、临时收储等为主要内容的粮食价格支持和调控政策，在促进农民持续稳定增收、实现粮食产量"十二连增"、确保国家粮食安全等方面发挥了重要作用。据统计，2004～2015年我国粮食产量实现"十二连增"，2013～2017年连续5年超过6亿吨，粮食供给由总量不足转变为结构性矛盾，粮食阶段性供过于求和供给不足并存。随着国内外经济形势和粮食市场形势发展变化，在具体实施过程中逐渐暴露出了一些矛盾和问题，比如国内外粮价倒挂、粮食进口和走私数量大幅度增加、粮食

1

库存居高不下、一些粮食主产区库容严重不足、财政补贴负担沉重等问题，市场价格信号扭曲、市场机制调节作用减弱。2017 年中央"一号文件"明确提出，"深入推进农业供给侧结构性改革，加快培育农业农村发展新动能""深化粮食等重要农产品价格形成机制和收储制度改革""确保粮食生产能力不降低、农民增收势头不逆转、农村稳定不出问题"；2018 年中央"一号文件"明确提出，"加快推进农业农村现代化，走中国特色社会主义乡村振兴道路""深化农产品收储制度和价格形成机制改革""加快建立新型农业支持保护政策体系""让农业成为有奔头的产业，让农民成为有吸引力的职业，让农村成为安居乐业的美丽家园"。经过长期努力，中国特色社会主义进入了新时代，我国社会主要矛盾已经转化为人民日益增长的美好生活需要和不平衡不充分发展之间的矛盾。新形势下，如何进一步深化粮食价格形成机制改革，加强和改进粮食价格调控，保持市场粮价基本平稳，大幅度增加绿色、有机、营养、优质粮食供给，切实提高粮食供给质量、效率和效益，促进农民持续稳定增收和确保国家粮食安全，不断满足城乡居民日益增长的美好生活需要，已经成为摆在各级政府部门和业界的重要课题。

本研究按照认真贯彻落实习近平新时代中国特色社会主义思想和党的十九大精神的根本要求，在深入研究我国经济运行总体态势和深入调研粮食市场运行和价格改革的基础上，从推进粮食行业供给侧结构性改革、提高粮食供给质量、增加粮食有效供给的新视角，坚持多种现代经济学分析方法和数理统计分析方法相结合，构建计量经济学模型来开展防范和化解粮食价格异常波动的应用化、定量化研究，并突出政府与市场互动、国内与国际比较，力图解决现有文献定性分析多、定量分析少的局限性问题，对改进和完善粮食市场调控、深化粮食价格形成机制改革具有一定的指导意义。本研究的应用价值和现实意义主要表现为以下两个方面：一方面，通过对粮食不同属性中各因素对粮食价格影响的深入剖析，使粮食生产者全面了解引起粮价波动的各个影响因素，有利于种粮大户、家庭农场、合作社等新型农业经营主体科学研判未来粮食价格走势变化，进而对粮食生产经营决策提供重要参考；另一方面，为有关政府部门决策提供新的实证分析和理论支撑，有利于及时了解市场动态、稳定市场预期，积极稳妥推进粮食价格形成机制改革，把握好粮食市场调控的时机、节奏和力度，不断增强粮食价格改革和市场调控的前瞻性、科学性和有效性。

本研究的主要框架是：首先对市场化改革进程中的粮食价格波动态势及其引致的主要经济效应进行实证分析，然后从粮食产量、粮食生产成本、期货市场、粮食政策等不同视角阐述粮食价格波动，在此基础上，对近年来现行粮食价格支持政策的绩效与偏向进行正反两方面评述。本研究以"大农业、大市场、大流通"的战略思维和国际化视野重新审视和思考粮价形成与调控机制，提出一系列新观点，为政府部门提供理论参考和政策建议。

著　者

2018 年 7 月

目 录

导　论

一、研究意义

众所周知，粮食等大宗农产品过去是、现在是、将来仍然是一种具有战略性的特殊商品，粮食问题始终是摆在我们面前需要考虑的头等重大问题。同时，价格是国民经济的"晴雨表"，作为国民经济基础产业的农业部门所形成的农产品价格，对建立起全社会合理的价格体系、促进产业结构调整、发展国民经济以及维护社会稳定都起着不容忽视的重要作用。

改革开放40年来共有20个指导"三农"工作的中央"一号文件"，其中2004年以来连续15年中央"一号文件"以及党的十八大报告、党的十八届三中全会公报、党的十九大报告等重要文献均对粮食问题做出了深刻论述。例如，"加快发展现代农业，增强农业综合生产能力，确保国家粮食安全和重要农产品有效供给""推动科学发展，必须加强农业发展这个基础，确保国家粮食安全和主要农产品有效供给""完善粮食等主要农产品价格形成机制""把保障国家粮食安全作为首要目标，加快转变农业发展方式""完善农产品市场体系和价格形成机制""实施乡村振兴战略""确保国家粮食安全，把中国人的饭碗牢牢端在自己手中""实现小农户和现代农业发展有机衔接"等。价格工作既是经济工作、政治工作，也是社会工作、民生工作，具有"涉及面广、政策性强，矛盾集中、社会关注"的特殊性，而粮价是百价之基，其重要性更非同一般。近几年国家不断深化粮食价格改革，稻谷、玉米、大豆各主要品种收购政策相继做出调整。按照"分品种施策、渐进式推进"的原则，继续坚持和完善小麦、稻谷最低收购价政策，2018年小麦最低收购价在连续四年保持稳定的情况下首次下调；自2016年起取消在东北三省和内蒙古实施多年的玉米临储政策，改为实施"市场化收购＋生产者补贴"；2014～2016年在东北三省和内蒙古实施大豆目标价格改革试点，自2017年起取消大豆目标价格改革试点、实施"市场化收购＋生产者补贴"，更好地发挥市场机制在资源配置中的决定性作用。受多元市场主体购销谨慎、粮食供需总体宽松、国外粮食市场变化、由重量向重质转变等多种因素影响，导致目前粮食价格处于低位运行，成为引人关注的经济现象和民生话题，粮食等主要农产品价格波动引发社会各界密切关注。

2008～2014年不断上调"托市收购价格"，导致形成国内外粮食"价格倒挂"的"天花板价格"：一是以离岸价格为"天花板"，国内粮食等大宗农产品的价格几乎全面"破顶"；二是以关税配额税率计算、到岸税后价格为"天花板"，国内部分土地密集型产品价格已经"破顶"；三是按配额外税率和"入世"承诺税率计算到岸税后价格为"天花板"，部分土地密集型和耗工较多产品价格已经"破顶"。目前，国内稻谷、小麦、玉米、大豆、棉花等主要农产品价格均已接近或高于国际市场价格，国内外粮食"价格倒挂"现象不容忽视，进口压力越来越大，甚至走私猖獗。目前，棉花、食糖等大宗农产品已经形成"国内增产—国家增储—进口增加—国家再增储"的非良性循环局面，既扭曲了粮食等主要农产品市场，严重阻碍市场在配置资源中发挥决定性作用，又增加了不必要的财政负担。

在全球通胀预期不断增强、国际市场大宗商品价格高位波动、国内要素成本明显上升、部分农产品供给偏紧的严峻形势下，健全粮食等大宗农产品价格形成新机制的提出显得尤为紧要。历史和现实反复证明，价格总水平出现较大波动非常不利于经济平稳较快发展，甚至还会出现"挤兑潮""抢购潮"，严重危及社会稳定。"十三五"时期是决胜全面小康社会宏伟目标的关键时期，但保持价格总水平基本稳定仍将面临一些新情况新问题。价格是国民经济运行情况的综合反映，而粮食价格在整个价格体系中属于基础价格，全球粮食减产和粮价剧烈波动在一些国家或地区已经引发粮食危机和社会动荡，国内市场粮价格几次比较严重的剧烈波动也对粮食安全、农民增收、物价稳定、居民消费等方面产生了较大的影响，甚至严重影响经济发展和社会稳定。

党的十九大报告明确指出，"我国经济已由高速增长阶段转向高质量发展阶段，正处在转变发展方式、优化经济结构、转换增长动力的攻关期""推动新型工业化、信息化、城镇化、农业现代化同步发展""建设现代化经济体系……把提高供给体系质量作为主攻方向"。"十三五"时期是推进农业供给侧结构性改革的关键时期，作为全球性问题之一的粮食安全问题将更加突出。当前国情、农情继续发生深刻变化，我国粮食产销问题呈现新的阶段性特征。在"新四化"同步发展的大背景下，进一步深化农业供给侧结构新改革、完善粮食价格形成机制仍面临着一些不容忽视的新情况、新问题，有关政府部门必须给予高度重视和切实解决。

（1）资源、环境对粮食生产的约束性增强，如耕地面积减少、质量下降，人与粮争地、车与地争粮现象较为严重；农业水资源严重匮乏，农田水利设施建设较为滞后等，农业持续稳定增产、巩固和提升粮食产能的基础还很不牢固。

（2）农产品尤其是粮食需求总量呈刚性增长趋势，但随着我国经济发展、人口增长、城乡居民收入增加、居民健康观念转变等多方面因素影响，粮食需求结构正在发生显著变化，尤其是工业用粮、饲料用粮需求明显增加，粳稻、玉米等部分农产品供需偏紧。

（3）部分农产品区域性供求矛盾较为突出，产销衔接机制还不完善，对市场价格波动产生较大影响，而且大豆、食用油等对外依存度较高，缺乏国际市场定价权。

（4）粮食生产经营成本逐年增加，如劳动力成本、土地租金、水电费、农资等价格不断上涨，将对"十三五"时期粮食价格高位运行形成较强支撑。

（5）粮食能源属性、金融属性逐渐增强，如美国、巴西等国家利用玉米、大豆大量生产燃料乙醇、生物柴油等，部分农产品正在逐渐成为国际金融市场的投资对象，特别是当全球流动性过剩时，也往往成为一些投机基金借机炒作的题材。国内外粮食市场相关性不断增强，国际市场粮价波动对国内市场的影响越来越明显。

从国际背景来看，在世界粮食的供求状态不容乐观、环境与资源对粮食生产的制约凸显、经济全球化加剧引致发展中国家潜在风险的背景下，近年来世界粮食市场供求剧烈起伏，国际粮价大幅波动，30多个国家出现粮荒，粮价大涨引发严重通货膨胀甚至社会动荡和政局危机，防范粮食价格异常波动引起了世界各国的高度重视。尤其是金融危机、汇率波动、投机炒作、石油危机、以四大跨国粮商为代表的农产品国际垄断组织控制市场等外部冲击因素对国内粮食市场的影响越来越大，粮食价格波动原因、传导机制、影响程度及波及范围均呈现出复杂化趋势，对此进行实证分析和量化研究就显得尤为必要和紧迫。

从国内背景来看，作为万物之首的粮食和百价之基的粮价颇受各界关注。改革开放以来我国粮食价格出现几次较大幅度波动，既有国内因素也有国际因素，既有短期因素也有长期因素，既有实体经济因素也有虚拟经济因素，既有常规因素也有非常规因素，是多种因素综合作用、交织叠加的结果。如何破解农产品价格轮番上涨的困局，以及"谷贱伤农""米贵伤民"矛盾可能不断交替出现的困局？为什么粮食生产连续多年丰收，市场粮价仍然上涨？如何从根本上扭转粮食产需缺口扩大趋势，有效缓解区域性和结构性供求矛盾？在农村青壮年劳动力日益流失、老龄化趋势严重的情况下，明天谁来种地、怎么种地？如何解决农产品运输"最后一公里"难题？如何保持市场粮价和价格总水平基本稳定？如何解决粮食市场调控政策存在滞后性和偏差性、增强前瞻性和有效性的问题？这些问题都需要我们从理论和实践、历史和现实相结合的角度作出进一步解释和回答。

本研究基于实施乡村振兴战略的大背景，提出一套科学有效的防范和化解粮食价格异常波动的新机制，科学研判未来粮食价格走势变化，加大预测预警力度，为种粮大户、家庭农场、合作社等新型农业经营主体生产经营决策提供重要参考；与此同时，为有关政府部门决策提供新的实证分析和理论支撑，有利于及时了解市场动态、稳定市场预期，积极稳妥推进粮食价格形成机制改革，把握好粮食市场调控的时机、节奏和力度，不断增强粮食价格改革和市场调控的前瞻性、科学性和有效性。

二、国内外研究现状综述

新中国成立近 70 年来，尤其是 1978 年以来我国开始了以农村经济体制改革为先导、以价格体制改革为重点的经济体制改革，关于粮食价格改革的研究逐步拓展开来，文献研究主要集中在粮食价格波动成因、机理、效应及风险，粮食期货市场功能、期现货价格关系等几个方面。

（一）粮食价格波动领域的研究历程、热点与趋势

总的来说，粮食价格波动是农产品价格形成机制的重要组成部分。近年来，粮食价格波动及其影响因素已成为农产品价格形成机制的研究热点，并已成为一个不断进化的知识领域。在研究主题和内容上，国外学者和国内学者存在很大交集。以中国知网（CNKI）2008～2018 年的核心期刊为例，粮食价格波动的知识图谱表明，研究热点围绕粮食安全、影响因素、传导效应、国际

粮食价格、粮食金融化、溢出效应、产业链等关键词展开。在众多国内学者中，宋长鸣、李光泗、王昕、公茂刚、王学真等在该领域较为活跃，发表核心期刊论文位居前列。通过 CiteSpace 的自动聚类显示，可以看出各机构之间的合作较为松散，机构之间的合作有待加强。其中，图中节点最大、发表文献最多的是华中农业大学经管学院，其次是中国农业科学院农业经济与发展研究所、中国农业大学经管学院和中国人民大学农业与农村发展学院。纵观 2008～2018 年粮食价格波动研究领域的演变趋势，2013 年后期货市场、溢出效应、VAR 模型、蛛网模型等有关粮食价格波动的文献大量涌现，总体上呈现出粮食价格波动的影响因素向经济政策不稳定性、农业供给侧结构性改革等延伸，从单一问题研究向多维度综合研究发展的趋势。

（二）关于粮食等农产品价格波动成因及机理的研究

粮食价格的波动并不是一个孤立的经济现象，它属于经济波动的范畴，因此，引起粮食价格波动的原因并非单一的，而是众多因素共同作用的结果。[①] 近年来，我国粮食等农产品价格波动原因十分复杂，既有国内因素也有国际影响，既有成本因素也有供需因素，既有生产环节因素也有流通环节因素，既有货币增长和游资炒作因素也有市场监管不力因素，是多种因素综合作用的结果，但不同阶段各种因素影响作用有所差异。农业生产成本、流通环节、常量变化冲击、气候变化、国际市场价格变动等是影响粮食价格波动

---

① 孙超、孟军. 中国粮食价格的影响因素分析与预测比较——基于支持向量机的实证研究 [J]. 农业经济, 2011 (1)：29－31.

的主要因素。①

1. 农业生产成本增加较多、粮食供需变化尤其是粮食刚性需求较大

农业生产成本、农业生产要素供应是影响粮食价格变化的重要因素（陈晓暾等，2013）。② 农产品涨价的深层次、趋势性原因，是务农成本的刚性增长，反映了农产品价值的理性回归（董振国和苏万明，2011）。③ 温丽（2010）利用 VEC 模型的方法，实证考察了农村劳动力流动影响农产品价格的关系，认为农村劳动力流动量和农产品价格之间存在长期稳定的关系，农村劳动力流动正以一种内生的力量影响着农业生产，从而影响着农产品价格的变化。④

近些年能源、金属等原材料价格以及劳动力成本大幅上升，带动农业生产资料价格高企，如煤炭价格高企推升了化肥价格，铜、铁等大宗商品价格上升带动了农机具价格上涨，推高粮食生产成本，拉升粮食价格。同时，世界人口特别是发展中国家人口迅速增加，直接导致粮食需求持续扩张，未来世界粮食需求将保持刚性增长；较快的经济增速将使居民粮食消费结构升级，带动粮食（主要是饲料用粮）消费增加；燃料用油也带动粮食的巨大需求。

何蒲明、黎东升、王雅鹏（2013）认为，粮食产量和价格波动存在相互影响的关系，但产量变化对价格变化的影响要大于价格

① Getaw Tadesse, Bernardina Algieri, Matthias Kalkuhl, Joachim von Braun. Drivers and triggers of international food price spikes and volatility ［J］. Food Policy, 2014（47）：117 – 128. Siddique Ahmed, Chamhuri Siwar, Basri Abdul Talib, Norshamliza Chamhuri. Rabiul Islam. Tackling Food Price Volatility：The Challenge of the Days to Come ［J］. UMK Procedia, 2014（1）：103 – 113.

② 陈晓暾、祝福云、黄天柱. 我国粮食价格变动因素分析及其稳定机制的选择 ［J］. 价格理论与实践, 2013（8）：44 – 45.

③ 董振国、苏万明、王军伟. 中国农业进入高成本时代 ［J］. 北京农业, 2011（1）：43 – 49.

④ 温丽. 农村劳动力流动影响农产品价格的实证研究——基于 VEC 模型的方法 ［J］. 安徽农业科学, 2010, 38（33）：53 – 59.

变化对产量变化的影响，而且产量的变化对价格的变化存在着滞后效应。国内粮食的生产是我国粮食供给的主体，而在我国市场经济不是十分健全的情况下，粮食生产的波动会引起价格更大的波动，而价格的波动反过来又会引起产量的波动，从而呈现出发散型蛛网的状态，越来越远离均衡点。[①]

2. 农产品流通环节较多、效率较低、成本较高

潘建伟等（2018）实证研究后发现，流通环节多导致农产品产销价格存在"巨差"，并揭示了农产品生产价格↔批发价格↔零售价格的正向传导和逆行反馈在农产品价格上涨和下跌状态下传导规律。[②] 李先国等通过实地调研，分析产销各环节成本对农产品价格的贡献率。[③]

我国农产品价格大起大落的主要原因在于农产品流通环节过多、流通组织低效、流通成本过高。其中，制度性成本、物流成本、市场管理成本是导致农产品生产成本高的主要原因。[④] 王兢、梁娜（2011）通过全方位比较中、日两国农产品流通的整体过程，发现我国农产品价格形成机制不健全的深层次原因主要集中于以下几点：中间经销商处于垄断、无序发展、监管盲区的状态，生产者和消费者的谈判博弈能力极弱；从生产到消费多次买断行为的发生，导致农产品价格信息不能有效反映真实的市场供求关系；完全自由开放的农产品流通体系现行体制，为农产品价格信息暗箱的形

---

① 何蒲明、黎东升、王雅鹏. 粮食产量与价格波动的相互关系研究［J］. 经济经纬，2013（1）：115－118.

② 潘建伟、张立中、胡天石. 基于流通视角的农产品价格传导机制研究［J］. 农业技术经济，2018（6）：106－115.

③ 李先国、于潇宇、杨晶. 产销各环节成本对农产品价格形成的贡献率研究——以北京市场为例［J］. 东南大学学报（哲学社会科学版），2016，18（1）：94－100.

④ 韩喜艳. 补贴流通：稳定农产品价格的另一种思路［J］. 价格月刊，2012（8）：24－27.

成提供了内在温床。①

3. 农村农业信息化建设较为滞后，价格监管不到位

农业信息化是实现国家现代化的基础，但也是"四化同步"的薄弱环节，② 具体表现为农业生产环境多变，信息要素难以大面积、低成本、快速准确地获取；农业生产过程分散，异质、异构、海量、分布式大数据处理技术缺失；农业生产主体复杂，需求千变万化主动捕捉困难。③

杨培源（2012）认为，地方政府在监管过程中，更多地选择了短平快的调控政策，将重点放在了扩大农产品种植面积、提高自给率等量化指标上，对流通体系改善、信息体系建设等长效机制不够重视。地方政府的调控措施大多都比市场慢半拍，往往是出了问题才采取紧急措施，且调控通常采用头痛医头、脚痛医脚的做法，缺乏长远考虑。同时，我国对垄断农产品价格的行为处罚力度非常弱，惩罚标准低，没能充分发挥法律的惩戒效应。特别是执行部门责任不清、层级过多、纪律松散等问题的存在使得农产品价格监管的法律法规效应大打折扣，严重损害了农产品监管法律的权威性。④

漆星灿（2011）通过对川西北地区农村农业信息化现状进行调查研究，发现目前农村农业信息化建设存在诸多问题，农民在生产和经营中仍处于信息弱势地位，农业生产的盲目性加大了农产品市场的不稳定性，从而影响农产品价格的总体水平。⑤

---

① 王兢、梁娜. 完善我国农产品价格形成机制的对策展望——基于中、日两国典型农产品流通渠道特征的比较研究 [J]. 农业展望，2011（10）：24－27.

② 方向明、刘成. 以信息化为先导推动农业现代化建设：挑战和应对策略 [J]. 新疆师范大学学报（哲学社会科学版），2018，39（4）：68－74.

③ 王儒敬. 我国农业信息化发展的瓶颈与应对策略思考 [J]. 中国科学院院刊，2013，28（3）：337－343.

④ 杨培源. 农产品价格：市场机制失灵与公共政策选择 [J]. 价格月刊，2012（8）：21－23.

⑤ 漆星灿. 当前农产品价格波动原因分析——基于川西北农村农业信息化现状调查 [J]. 新西部，2011（35－36合期）：12－13.

4. 气候异常或游资炒作造成部分农产品价格暴涨暴跌

学者们从不同角度分析了气候异常对农产品价格波动的影响。气候异常导致部分农产品价格暴涨暴跌。恶劣气候打破种植成长周期与收成规律，或是造成大量减产，该到某时接茬的往后延迟或由于气候影响颗粒无收[1]；气候灾害导致的受灾面积和成灾面积对粮食产量有较强的削弱作用，降低了粮食的综合生产能力，需构建统一的国内粮食价格体系和供求平衡机制[2]；有学者运用CGE模型探讨了极端气候冲击下我国粮食安全的最优技术进步路径选择，并从价格、进口依赖度等角度考察了粮食安全的动态变化[3]。

另外，游资炒作也会使部分农产品价格大起大落。2010年初以来，大蒜、绿豆、生姜、花椒等小品种农产品，规模偏小，即使价格上涨50倍甚至上涨100倍，所能吸纳的资金也非常有限，中间商囤积居奇也加大了农产品价格的非理性波动。

张利庠、张喜才等（2010）基于产业链理论分析，得出游资对农产品价格产生影响只可能发生在批发环节。通过H-P滤波法分析2002~2009年大蒜季度批发价格数据的波动周期，得出游资对于大蒜价格波动并没有太大的影响，并非价格波动的主要原因。[4]

裴辉儒等（2011）认为，在近期国家对宏观调控政策的影响下，原有的房地产、大宗矿产品资本投资风险加大，部分游资转向农产品交易，从而放大了供求矛盾，推高了农产品价格。另外，部

---

① 王家显. 探析我国农产品价格"过山车"现象 [J]. 价格理论与实践, 2011 (11)：25-26.

② 陈卫洪、谢晓英. 气候灾害对粮食安全的影响机制研究 [J]. 农业经济问题, 2013, 34 (1)：12-19.

③ 涂涛涛、马强、李谷成. 极端气候冲击下中国粮食安全的技术进步路径选择——基于动态CGE模型的模拟 [J]. 华中农业大学学报（社会科学版）, 2017 (4)：30-36.

④ 张利庠、张喜才、陈姝彤. 游资对农产品价格波动有影响吗——基于大蒜价格波动的案例研究 [J]. 农业技术经济, 2010 (12)：39-45.

分与农产品有关的不法企业为谋取不当利益，利用国家相关农产品价格保护政策借机涨价，也是农产品投机助推型价格上涨中值得关注的因素。①

5. 粮食价格波动的新型影响因素

近年来关于粮食价格波动的新型影响因素的研究集中在国际能源价格、生物能源和货币供应量增长变化等方面。国际能源价格上涨不仅影响了粮食的生产成本，改变了粮食的传统需求结构，还提高了粮食的非食品需求，进一步加剧了国际粮价波动程度（Thompson et al.；Lagi et al.；尹靖华）。②

研究发现，2006～2009 年间美国玉米价格上涨约 60%，主要是由美国生物质能源政策的实施导致；③ 有学者认为生物能源是导致大豆和玉米价格上涨的主因，其中推动大豆价格上涨 40%，推动玉米价格上涨 70%。④ 赛热等（Serra et al.）研究巴西燃料乙醇市场后发现，燃料乙醇和石油之间存在着长期替代关系。尼考拉等（Nicola et al.）对 1970～2013 年的能源、农产品等价格之间的动态关系进行研究，发现能源价格与农产品价格呈现高度相关关系，且相关程度不断加强。米切尔（Mitchell）对 2002～2008 年间国际粮价进行了研究，结果表明生物质能源的发展消耗了大量的粮食作

① 裴辉儒、孙晓亮、陈领. 中国农产品价格波动对 CPI 的影响分析［J］. 经济与管理，2011，25（11）：19 - 22.

② Thompson W，Meyer S，Westhoff P. Haw does petroleum price and corn yield volatility ethanol markets with and without an ethanol use mandate？［J］. Energy Policy，2009，37（2）：745 - 749. Lagi M，Baryam Y，Bertrand K Z，et al. The Food Crises：A quantitative model of food pricesincluding speculators and ethanol conversion［M］. Social Science Electronic Publishing，2011. 尹靖华. 国际能源对粮食价格传导的生产成本渠道研究［J］. 华南农业大学学报（社会科学版），2016，15（6）：70 - 82.

③ Collies K J. The role of biofuels and other factors in increasing farm and food prices：a review of recent developments with a focus on feed grain markets and market prospects［M］. K. Collies，2008.

④ Gregorio J D. Commodity Prices，Monetary Policy，and Inflation［J］. Imf Economic Review，2012，60（4）：600 - 633.

物，国际粮价上涨有 70% ~ 75% 是由生物质能源产量增加引起的。① 阿瓦拉斯（Avalos）研究 2006 年前后美国石油、玉米和大豆价格之间动态关系，发现 2006 年前石油价格和玉米价格之间不存在协整关系，2006 年后石油价格对玉米价格的影响增大。②

杭东（2010）认为，农产品涨价是通货膨胀压力的具体反映，是由货币超量供应引发需求拉动的通货膨胀压力造成的。③邓卫华、潘林青考察了 2010 年农产品价格上涨情况，除少数品种确实因灾减产外，其中最主要原因是目前市场上流动性过于充裕，造成部分原材料和基础产品价格普涨，不少人被这种货币幻觉所欺骗。④

杨军等（2011）通过实证分析对我国货币供应量与主要农产品价格变化的协整关系、短期调整机制和它们之间的 Granger 因果关系进行分析，认为货币发行量变化在短期内对农产品价格影响较小，其对农产品价格的影响将通过较长时期的调整表现出来。Granger 因果检验结果表明，货币供应量是影响我国大米、小麦、玉米、大豆、棉花、鸡蛋和猪肉等农产品价格变化的原因之一。⑤

6. 国际市场价格波动

粮食的物理属性使其具有一定的可存储性，因此粮食价格也极易受到攻击的影响，并且会随着可用供给量的变化而变化（Brian，2011）。国际粮食价格波动在经济全球化的背景下，易通过贸易、预期、资本等因素传导至国内粮食价格，特别是发展中国家，粮食

① Mitchell D. A Note on Rising Food Prices ［J］. Policy Research Working Paper, 2010, 4682.

② Avalos H. Fighting Words: Religion, Violence, and the Interpretation of Sacred Texts. Edited by John Renard ［J］. Journal of the American Academy of Religion, 2014, 82 (3): 877 – 879.

③ 杭东. 什么是农产品涨价的真正诱因 ［N］. 广州日报, 2010. 11. 15.

④ 邓卫华、潘林青. 谁推高了农产品价格 ［J］. 农村工作通讯, 2010 (23): 56 – 62.

⑤ 杨军、黄季焜、李明、尚强. 我国货币供应量对农产品价格影响分析及政策建议 ［J］. 农村金融研究, 2011 (12): 58 – 61.

进口在国际贸易中占比较高，其食品在消费结构中所占比重也较高，因此，发展中国家的粮价更易受到国际粮价波动的影响（Rosegrant，2008；高帆和龚芳，2011）。因此，如何准确预测粮食价格的变化及提前预警粮食价格的不寻常是粮食安全动态监测的主要议题（Frank & Chris，2015）。

有学者①运用 ARCH 类模型的研究发现，国际粮价波动具有集簇性和持续性（公茂刚、王学真，2016；付莲莲等，2014）。我国国内粮食价格波动也具有集簇性、持续性和非对称性（苗珊珊，2014；付莲莲等，2014）。② 胡超（2014）运用 H - P 滤波法对国际粮食价格的周期特征研究后发现，在 1993～2012 年期间国际粮价大致经历了"波动—平稳—剧烈波动"的演变路径③。皮尔斯和塞特（Piesse & Thirtle，2009）通过分析不同阶段国际粮价的波动程度后发现，1963～2008 年间出现过三次剧烈波动，峰值分别在 1972/1974 年、1983/1985 年、2007/2008 年。④ 蒂默尔（Timmer，2010）认为，粮食危机具有潜在周期，频率是每世纪发生三次左右。国际大米价格也具有波动周期特点，在 1972 年、1973 年和 2007 年、2008 年达到峰值。⑤

胡瑞涛、徐天祥（2012）认为，农产品市场的主要国际组织往往在很大程度上对国际大宗农产品定价权有着举足轻重的作用。因为现实中我们的市场并不是完全竞争、信息完全对称、交易成本

---

① 公茂刚、王学真．国际粮价波动规律及对我国粮食安全的影响与对策［J］．经济纵横，2016（3）：111 - 118．付莲莲、邓群钊、翁异静．国际原油价格波动对国内农产品价格的传导作用量化分析——基于通径分析［J］．资源科学，2014，36（7）：1418 - 1424．

② 苗珊珊．粮食价格波动对农村与城镇人口福利变动的影响差异分析［J］．财贸研究，2014（5）：46 - 53．

③ 胡超．国际粮价波动影响因素研究［D］．江西财经大学硕士学位论文，2014．

④ Piesse J，Thirtle C．Three bubbles and a panic：an explanatory review of recent food commodity price events. Food Policy，2009，34（2）：119 - 129．

⑤ Timmer C P. Reflections on food crises past. Food Policy，2010，35（1）：111．

为零的理想市场，大宗农产品的价格不可能完全由供求关系来决定。目前，世界上少数发达国家的跨国公司主导着国际农产品市场的定价权，主要有美国 ADM、美国邦吉（Bunge）、美国嘉吉（Cargill）和法国路易·达孚（Louis Dreyfus），这四大国际粮食市场的幕后之手凭借着资本与经验的优势，掌握了对初期原料、期货、中期生产加工、品牌和末期市场渠道与供应的绝对控制权。[1]

（三）关于农产品期货市场功能、期现货价格关系的研究

近年来的市场实践表明，大豆、小麦等农产品期货品种特有的价格发现功能正逐步体现，所提供的价格信号真实有效，较好地反映了现货市场的供求趋势，已成为全国农业生产和流通中最具影响力的指导价格（齐中英，2014）。庞贞燕和刘磊（2013）实证研究发现，农产品期货合约上市减小了现货市场的波动性，期货市场对现货市场价格波动的影响具有持续性。[2]

李海远（2010）分别对农产品期货市场价格发现功能和套期保值功能进行实证研究，将其服务"三农"的其他功能归为农业信息化和农业产业化两大类，并定义为间接功能且从理论方面进行了探讨。[3] 王川（2013）通过从期货与现货价格相关性、期货价格有效性、期货与现货价格引导性三个方面，对大豆、玉米、小麦期货与现货价格关系进行定量分析，并对分析结果进行比较，系统地反映了我国粮食期货市场价格发现功能发挥的现状。甘爱平、王胜英等（2007）认为，农产品期货市场在引导和促进新农村建设的现代化，促进农村生产力发展，提高农业生产效率，增加农民、农

---

① 胡瑞涛、徐天祥. 大宗农产品供求关系及价格形成机制的研究 ［J］. 学理论，2012（5）：88 – 89.

② 庞贞燕、刘磊. 期货市场能够稳定农产品价格波动吗——基于离散小波变换和 GARCH 模型的实证研究 ［J］. 金融研究，2013（11）：126 – 139.

③ 李海远. 我国农产品期货市场功能研究 ［D］. 西北农林科技大学硕士学位论文，2010.

村收入，提高农民生活水平方面可发挥积极的作用。[①] 黄羽雪（2007）认为，玉米期货市场上存在的投资者认知偏差，通过期货价格对现货价格的主导作用传递到了现货市场上。

刘庆富、张金清（2006）研究显示，我国农产品期货市场的大豆和豆粕期货价格与最后交割日的现货价格均存在长期均衡关系，小麦期货价格与最后交割日的现货价格不存在长期均衡关系。[②] 蔡慧（2007）采用 GARCH 和 EGARCH 类模型描述分析了小麦期货收益的波动集群性和杠杆效应，借助协整检验等分析了小麦期货价格和现货价格之间的关系。[③] 周应恒、邹林刚（2007）对中国大豆期货市场与国际大豆期货市场的价格关系进行了实证分析，结果表明美国大豆期货市场在全球大豆期货定价中处于主导地位，中国和日本对全球大豆期货价格形成的影响有限。[④] 程琳（2016）以玉米期货为例，基于结构突变的视角对芝加哥期货价格与大连期货价格之间的联动关系进行考察后发现：玉米期货价格在 2008 年发生一次结构突变，说明临储政策实行后，我国玉米期货价格走势发生扭曲并开始与国际脱轨，应该对现行收购政策进行调整和完善，探索和建立更符合市场化改革方向的农产品托市政策。[⑤]

丁皞（2009）通过脉冲响应和方差分解等计量方法，得出我国农产品期货价格指数在一定程度上能够反映宏观经济走势。贾兆立（2009）利用玉米期货的收盘价和结算价，分别采用相关分析、

① 甘爱平、王胜英、张丽. 农产品期货市场与新农村建设的现代化 [J]. 当代经济研究, 2007（5）：39 - 45.

② 刘庆富、张金清. 我国农产品期货市场的价格发现功能研究 [J]. 产业经济研究, 2006（1）：52 - 58.

③ 蔡慧. 中国小麦期货价格行为的实证研究 [J]. 大麦与谷类科学, 2007（1）：5 - 9.

④ 周应恒、邹林刚. 中国大豆期货市场与国际大豆期货市场价格关系研究——基于 VAR 模型的实证分析 [J]. 农业技术经济, 2007（1）：36 - 41.

⑤ 程琳. 从期货市场反观我国粮食政策的扭曲效应——基于结构突变的视角 [J]. 学习与实践, 2016（3）：47 - 51.

走势图和套利检验的研究方法和相关系数、协整检验、格兰杰因果检验和 GS 模型等方法进行了实证研究。张有望、李剑（2017）以小麦、稻谷、玉米和大豆为例，选取 2009～2016 年的相关日度价格数据，运用 BEKK-GARCH 模型考察了我国粮食期货与现货市场间的价格波动溢出效应。结果显示，我国粮食期货与现货市场之间存在价格波动溢出效应，但溢出程度在不同粮食品种之间有差异。主粮作物小麦、稻谷和玉米期货对现货价格的溢出效应较弱，非主粮作物大豆期货对现货价格的溢出效应较强，四个粮食品种现货对期货价格的溢出效应均较弱。[①] 王健、黄祖辉（2006）利用协整检验、Granger 因果检验等方法对我国大豆期货市场的价格发现功能进行了实证研究，得出大豆期货价格序列和现货价格序列均是非平稳的。夏天、冯利臣（2007）基于 Johansen 协整分析、向量误差修正模型（VECM）以及方差分解等计量分析方法对中国的玉米期货市场、玉米现货市场、CBOT 玉米期货市场以及中国大豆期货市场四者之间的动态关系与相互冲击机制进行了深入研究。杨惠珍、韦敬楠、张立中（2017）认为，目前我国粮食期货市场的价格发现功能确实有所发挥，但发挥程度还不高，政策市特点明显，期货市场活跃程度不足，对现货价格的形成影响作用有限；不同品种之间差异性较大，我国玉米期货价与现货价存在长期协整关系，价格发现功能有所发挥；而小麦期货与现货价格不存在长期协整关系，价格发现功能在其期货市场中表现薄弱，发挥程度低，有效性不高。[②]

（四）关于粮食等大宗农产品价格波动效应的研究

吕晨钟（2014）研究表明，农产品批发价格大幅度上涨，将会对城市农民工和低收入阶层的正常生活、对城市社会稳定形成严

---

① 张有望、李剑. 粮食期货与现货市场价格波动溢出效应 [J]. 华中农业大学学报（社会科学版），2017（1）：104－111.

② 杨惠珍、韦敬楠、张立中. 我国粮食期货市场价格发现功能的实证分析——以玉米和小麦市场为例 [J]. 价格月刊，2017（5）：19－23.

重的负面影响。① 林鑫、何凌云等（2010）认为，进口农产品价格上涨对宏观经济有一定的影响效应，且总体效应为负，其中对实际GDP 的影响非常小，同时对与农业紧密相关的行业产生了紧缩作用，而对于与农业相关性弱的行业则有小幅的扩张作用。② 宋婷、陶建平（2017）运用状态空间模型和中介效应模型实证分析发现，农产品价格波动与农户农业保险需求之间存在长期稳定关系，并随时间的变化而变化，农产品价格同时通过直接效应和中介效应影响我国农户的农业保险需求。但目前政策诱导是我国农业保险发展的主要推动力，农产品价格波动对农户农业保险需求的推动作用较小。③ 罗锋和牛宝俊（2009）采用 VAR 模型对国际农产品价格对国内农产品价格的传导机制进行研究，表明国内农产品价格与国际农产品价格之间存在协整关系，国际农产品价格的变动对国内农产品价格产生一定的影响。④ 丁守海（2009）利用 Johansen 检验和向量误差修正模型，考察大米、小麦、玉米、大豆 4 类粮食品种国内外价格的传递关系，并发现国际粮价的变动会在相当程度上输入中国。肖争艳等（2009）采用贝叶斯向量自回归模型，研究得出国际粮食价格在短期内会对中国的 CPI 产生影响。漆晓静（2007）基于协整技术，运用 Granger 因果检验，研究我国农产品生产价格对其净出口的影响。结果表明，农产品生产价格是农产品净出口的原因，农产品生产价格显著影响其净出口。⑤

---

① 吕晨钟. 当前我国农产品批发价格走势分析 [J]. 广东农业科学，2014（3）：35 - 40.

② 林鑫、何凌云、安毅. 国际农产品价格波动对中国宏观经济影响效应研究——基于 CGE 模型 [J]. 中国农学通报，2010，26（19）：52 - 57.

③ 宋婷、陶建平. 农产品价格波动对农业保险需求影响的研究 [J]. 价格理论与实践，2017（11）：126 - 129.

④ 罗锋、牛宝俊. 国际农产品价格波动对国内农产品价格的传递效应——基于 VAR 模型的实证研究 [J]. 国际贸易问题，2009（6）：32 - 37.

⑤ 漆晓静. 我国农产品生产价格对农产品净出口的影响 [J]. 甘肃农业，2007（6）：35 - 40.

17

（五）关于防范和化解粮食等主要农产品价格异常波动风险与政府举措的研究

刘元春（2010）认为，政府应当对大宗商品资本化时代里农产品价格形成机制的变化引起重视，关注个别产品在供求变化之后所引发的杠杆效应和新闻效应，并及时利用储备及国外市场来平抑供求短期变化，防止个别价格上涨带来的传染效应。洪涛（2010）分析了解决农产品价格大幅波动问题应从源头着手，要想从根源上平抑物价，必须加大对农业生产基础设施的投入力度，降低生产者的生产成本，减少不必要的流通环节，对农贸市场实行优惠政策，并进行合理规划管理，降低农产品进驻超市的进场费，避免农产品的迂回运输、迂回流动。[①] 王志彬（2007）以价格为线索，根据数据分析和对现象的透视，归纳了20世纪80年代初以来的粮食价格波动规律，总结了我国内在的影响粮食价格波动的因素，从理论和实践上阐明了价格稳定机制的条件和机理，以实证分析为依据，考察了粮食价格的保护策略，提出了理想的粮食价格机制。[②] 马木炎（2015）认为，实行目标价格，探索推进粮食价格形成机制与政府补贴脱钩的改革，其目的就是在保障农民基本利益的前提下充分发挥市场在资源配置中的决定作用，由市场决定价格，以促进产业上下游协调发展。目标价格看起来是政府制定的"影子价格"，但它并不影响市场形成价格，它只是在市场价格对农民基本收益造成影响时发挥作用。它把市场的作用和政府的政策有机结合，符合粮食补贴改革的政策取向。[③] 樊琦、祁华清（2015）在总结国内外调控经验基础上，提出了推动以价格支持为主逐步向"价补分离"补

①　洪涛. 解决农产品价格大幅波动问题应从源头着手［N］. 消费日报，2010.12.1.

②　王志彬. 中国粮价波动及稳定机制研究［D］. 华中科技大学硕士学位论文，2007.

③　马木炎. 发挥市场决定性作用推进粮食价格支持政策改革［J］. 中国粮食经济，2015（1）：29-30.

贴方式转型，由国有储备粮收储企业向加工企业为核心的流通模式转变，由从注重增产向价格调控与环境保护挂钩方向转变，实现从"黄箱"向"绿箱"政策转变，调控手段实现从主要控制进口向更多利用国际市场转变等改革思路和转型方向。[①]

（六）关于农产品价格波动的主要影响

1. 对农民收入、城市居民消费支出的影响

农产品价格持续上涨，增加了城市居民日常消费支出，但农民却抱怨没赚到钱，没有得到太多实惠，其主要原因是目前我国流通成本过高，分销商及零售商获利过多，出现"两头叫、中间笑"的局面。[②] 杨丽莎（2011）则基于 2004～2008 年省际面板数据，采用动态面板模型的 GMM 方法，实证检验农产品价格变动对农民收入的影响。实证结果发现，由于农业收入在农民收入来源中比重下降，以及农业生产成本提高和投机因素的存在，农民并没有从农产品价格上涨中显著获益，农产品价格上涨未能显著带动农民收入提高。而农民的打工收入，尤其是通过加工贸易出口获取非农就业机会实现的非农收入，是农民收入增长的显著推动力量。[③] 廖杉杉、鲁钊阳（2017）认为，从理论分析来看，农产品价格波动对农民收入增长会产生影响，这种影响主要体现在农产品价格波动影响农民家庭农业生产经营收入、非农经营收入、农村集体经济收入等方面。从实证分析来看，以 31 个省级单位 1999～2013 年数据为样本，通过设定动态面板数据模型进行实证研究发现，农产品价格波动与农民收入增长呈现负相关关系，农产品价格波动越大越不利

① 樊琦、祁华清. 国内外粮价倒挂下粮食价格调控方式转型研究 [J]. 2015 (9)：23 – 31.

② 刘涛. 三级供应链下农产品价格上涨的博弈分析及对策研究 [J]. 安徽农业科学，2011，39 (35)：22053 – 22054.

③ 杨丽莎. 农产品价格变动对农民收入的影响研究 [J]. 改革与战略，2011 (9)：51 – 56.

于农民收入增长。[①]

段雯斐（2012）认为，由于粮食作为人们消费的生活必需品，缺乏消费的价格弹性，几乎没有替代商品，所以农产品价格波动直接影响到人们对食品消费支出。但我国农村和城市的消费结构存在很大的差距，这必然导致农产品价格波动对农村和城市的作用力大小是不一样的。根据回归结果，农产品生产价格指数变动导致居民家庭人均食品消费支出正向变动效果农村不如城镇显著。可能的原因是农村居民有一部分食品是通过自给自足得来的，所以价格变动对食品消费支出的影响较弱些。[②]

2. 对经济增长和产业结构的影响

周峰、罗湘雄（2012）利用投入产出价格模型，以 1992 ~ 2007 年 18 部门全国可比价投入产出表为基础，测算我国农产品价格上涨对其他部门的波及效应。结果显示，相同农产品价格上涨幅度对其他部门产品价格的影响呈逐渐减小的趋势，但在不同部门之间存在一定差异，受农产品价格上涨影响最大的两个部门分别是食品工业和纺织工业，且近几年两者与农产品价格之间关系也比较稳定。[③]

罗永恒（2012）依据采用 1979 ~ 2010 年农产品价格指数与 GDP 统计数据，运用 VAR 模型实证分析农产品价格波动对经济增长的影响。结果表明：（1）农产品价格波动对第一、第二产业影响较大，而对第三产业的影响相对比较小；（2）农产品价格与第一产业之间的价格双向传递不明显，而第二产业对农产品价格波动逆向传递比较显著；（3）脉冲分析结果发现，农产品价格波动、

---

① 廖杉杉、鲁钊阳. 农产品价格波动对农民收入增长的影响研究 [J]. 商业经济研究，2017 (17)：114 – 117.

② 段雯斐. 我国农产品价格波动对居民食品消费支出的影响 [J]. 商业文化，2012 (4)：104 – 105.

③ 周峰、罗湘雄. 农产品价格上涨对其他部门的波及效应 [J]. 经营与管理，2012 (8)：67 – 69.

第一和第二产业经济增长对冲击的反应都很灵敏，但是影响不明显。[①]

3. 对居民消费价格的影响

何蒲明、朱信凯（2012）根据我国 1991～2010 年数据资料进行计量分析后认为，粮食价格指数与居民消费价格指数存在显著的正相关性，二者波动的变化趋势基本是一致的，但粮食价格波动幅度要大于居民消费价格指数的波动，从长期来看粮食价格指数与居民消费价格指数具有长期均衡关系。无论是从短期来看，还是从长期来看，居民消费价格指数对粮食价格指数的影响远大于粮食价格指数对居民消费价格指数的影响。也就是说，不管是短期还是长期，居民消费价格指数对粮食价格指数有明显的导向和拉动作用，居民消费价格指数高涨进一步刺激粮食价格的上涨。[②]

王琴英（2011）研究农产品批发价格月度定基指数（以 2000 年为基期）的季节波动与长期趋势性，以及 CPI、农产品批发价格和菜篮子产品批发价格月度同比指数（上年同期为 100）的长期波动特征。实证结果显示，农产品价格预期与通货膨胀率之间具有双向格兰杰因果关系。通货膨胀率主要由滞后 1～3 期农产品价格预期和滞后 1～3 期通货膨胀率决定；农产品价格预期则受滞后 1 期农产品价格预期和滞后 1～2 期通货膨胀率的影响。同时，农产品价格预期对通货膨胀存在短期和长期联合影响，短期影响系数为 0.1075（%），长期影响系数为 0.0259（%）。总体来看，短期影响作用较大，长期影响则相对较小。[③]

杨志海、王雅鹏（2011）认为，虽然长期来看，农产品价格

---

①　罗永恒. 中国农产品价格波动对经济增长影响的实证研究［J］. 财经理论与实践，2012，33（178）：119－123.

②　何蒲明、朱信凯. 我国粮食价格波动与 CPI 关系的实证研究［J］. 农业技术经济，2012（2）：83－87.

③　王琴英. 我国农产品价格预期对通货膨胀影响的实证分析［J］. 价格理论与实践，2011（4）：51－52.

波动、通胀预期以及通货膨胀之间并不存在稳定的均衡关系，但农产品价格波动是通胀预期的格兰杰原因，而通胀预期与通货膨胀之间也存在着双向的格兰杰因果关系，且三者之间在短期内波动的传递效应还是较为明显的，特别是农产品价格波动对通货膨胀在短期的作用较为显著。此外，虽然农产品价格波动对通胀预期的影响并不是很显著，但在一定程度上还是加剧了通胀预期的形成。[①]

（七）关于近年来农产品价格调控成效及面临挑战

近年来，中央连续出台了取消农业税、实施粮食最低收购价、临时收储、市场化收购＋生产者补贴等一系列强农惠农支农政策，取得了明显成效，但也要看到，部分地区在政策执行过程中还没有完全落实到位，随着我国经济社会形势发展变化，农产品市场调控仍面临着一些挑战和问题。

1. 主要成效

贺伟（2010）认为，最低收购价政策的执行，发挥了粮食价格的托底作用，稳定了粮食市场价格；稳定了农民种粮增收的心理预期，调动了他们发展粮食生产的积极性；增加了农民种粮收入，有力促进了粮食生产；国家掌握了大量优质粮源，巩固了调控的物质基础。[②]

杨红旗（2010）认为，现行的农民种粮直接补贴、农资综合补贴、良种推广补贴、农机具购置补贴和最低收购价政策分别从收益、成本、科技、装备和市场环节相互补充、相互协调，初步构建起综合性收入补贴和生产性专项补贴相结合，兼顾粮食增产和农民增收双重任务的粮食补贴体系，取得了一定成效：促进粮食生产快速增产，实现农民持续增收；改善粮食产品质量，增强粮食与食物

---

① 杨志海、王雅鹏. 农产品价格波动与通货膨胀关系的实证研究 [J]. 统计与决策，2011（24）：111-114.

② 贺伟. 我国粮食最低收购价政策的现状、问题及完善对策 [J]. 宏观经济研究，2010（10）：32-26.

供给能力；推进农业机械化发展进程，提高粮食生产科技含量。[①]

王燕青（2017）选择玉米和大豆两个品种，通过描述性统计分析、相关分析、协整检验、基差分析和套期保值效率分析，对2006～2015年的期货价格序列进行实证检验。结果显示，临储政策取消后，市场化收购使价格波动风险加大，理论上有助于期货市场价格发现和套期保值功能的发挥，为期货市场服务"三农"、帮助企业和生产者规避价格波动风险提供了良好机遇，实际调研已经证明不同市场主体参与期货市场的积极性大幅提高。[②]

2. 面临挑战与问题

鲁晓东（2010）认为，国家粮食宏观调控面临着新挑战，存在着诸多难点，主要表现为三方面。（1）随着市场经济和粮食市场化的发展，影响粮食市场波动的因素越来越多，也越来越复杂，单纯依靠国家粮食宏观调控政策来实现粮食市场持续稳定的难度越来越大，如何综合运用其他经济调控政策对粮食进行调控。（2）国家粮食宏观调控目标具有多样性（从我国粮食宏观调控演变的历史进程看大体上是围绕以下三个目标来进行的，即保护生产者种粮利益，促进粮食生产稳定发展；保证市场供应，保持粮价稳定，维护消费者利益；减轻国家财政负担），目标之间存在着不一致的矛盾，在不同时期如何对调控目标进行科学取舍、有所侧重。（3）在市场经济条件下，粮食虽然离不开国家宏观调控，但由于受长期以来行政调控惯性思维的影响，如何科学运用市场化手段来实施调控政策。[③]

朱满德（2011）认为，宏观调控政策改革相对滞后，不能及

---

①　杨红旗. 我国粮食补贴政策的实践与思考 [J]. 贵州农业科学, 2010, 39 (2): 196 – 199.

②　王燕青、姚灵、简林强、武拉平. 临时收储政策及其改革对农产品期货市场的影响 [J]. 农业现代化研究, 2017, 38 (1): 81 – 88.

③　鲁晓东. 新形势下我国粮食宏观调控面临的三个难点 [J]. 调研世界, 2010 (11): 10 – 11.

时适应粮食、市场化、宏观调控形势的发展，主要表现在：粮食宏观调控的协调机制尚不健全，对统筹全国资源、发挥宏观调控的整体效能形成制约；中央储备粮品种结构及区域布局不尽合理，造成市场调控难度加大。①

刘笑然（2015）认为，近年来我国三大主粮库存，尤其是政策性玉米和稻谷库存持续大幅度增长，高库存矛盾突出，给国内粮食供求平衡带来了很大的影响，并导致粮食储存损耗、银行利息、收储费用和财政负担大幅度增加，成为当前我国粮食工作中亟待解决的问题。导致这一状况的原因与国家粮食购销政策有关，是粮食高价格、高产量、高收购量和消费进入新常态共同作用的结果。②

李慧（2016）认为，粮食收储"小马拉大车"困局凸显，中储粮目前的仓容十分有限，远远达不到政策性粮食的收购规模。连续多年巨量收购的压力、上万家委托企业的监管压力、资金运行监控和露天储粮的安全管理压力等，已经远远超过了中储粮的体系能力。③ 而杨正位（2017）认为，推进粮食收储体制改革，关键是要处理好长期与短期、政府与市场、目标与方法、小农户与大市场四对关系，短期应减供增需，加快去库存、降产量、补农民、重市场、早改革；长期要尊重经济规律与市场规律，推进"市场化、国际化、组织化"改革，培育公平的市场竞争主体和农民的利益共同体。④

总之，学术界对不同地区、不同市场的粮食价格波动进行了深入的调查研究，取得的研究成果颇丰。无疑，上述成果具有很高的学术价值，为本研究提供了良好的研究基础。由于研究的出发点不

① 朱满德．中国粮食宏观调控的成效和问题及改革建议［J］．农业现代化研究，2011，32（4）：390－394.

② 刘笑然．去除粮食高库存是当务之急［J］．中国粮食经济，2015（9）：24－28.

③ 李慧．粮食收储：怎样破解"小马拉大车"困局［J］．光明日报，2016.3.21.

④ 杨正位．粮食收储体制：弊端、经验及改革对策［J］．中国浦东干部学院学报，2017，11（5）：56－67.

同，总的来说上述文献仍存在着以下不足。

第一，从研究角度上看，以往许多文献大多停留在"就价格论价格""就农业论农业""就粮食论粮食"等传统思维定式和模式，分析问题和解决问题的视野、思路都各有侧重，而在新的政策环境下，从贯彻落实新发展理念、深化农业供给侧结构性改革、实施乡村振兴战略、推进"一带一路"建设、促进农村第一、第二、第三产业融合发展、构建现代农业"三个体系"（产业体系、生产体系、经营体系）、加快农业转移人口市民化、培育新型农业经营主体、确保国家粮食安全等角度研究农产品价格的文献相对较少。

第二，从研究方法上看，实证研究少、规范性研究多，定量研究少、定性分析多，很多观点尚待实际资料和实证研究加以证实，且不同学者在数学模型、样本选取、假设条件等方面存在着较大的差异，其定量研究结论也不尽一致。

第三，从研究内容上看，从粮食总供求、国际市场、农业结构调整、价格体制改革、农业政策变动等宏观层面研究文献较多，而从农户、粮食经纪人、家庭农场、合作社、农业产业化龙头企业等微观层面研究文献较少，这就使以上的研究缺乏坚实的微观基础。另外，从农产品价格形式（现货价格、期货价格；收购价格、批发价格、零售价格）、产品比价关系（工农产品、不同农产品品种）方面进行研究的文献也比较少。

三、概念界定与创新追求

（一）概念界定

"粮食有效供给"这一概念有着丰富的内涵与外延。本研究认为，我国粮食有效供给主要体现在以下三个层面。

第一，保持粮食总量和结构"两个平衡"。近年来，粮食生产能力跨上新台阶，农业供给侧结构性改革迈出新步伐。我国粮食供需目前总量基本平衡，但从长期看，根据农作物生产周期理论，我国粮食供需将进入紧平衡状态。实现粮食有效供给，我国粮食自给率要稳定在95%左右，体现在粮食供需总量基本平衡，结构（品种、区域）基本平衡，确保谷物基本自给、口粮绝对安全。

第二，粮食生产成本和销售价格保持在合理水平上。一方面，农民种粮比较收益有所提高，千家万户的小农生产者与千变万化的大市场产销有效衔接，粮农抵御自然风险和市场风险的能力不断提高；另一方面，城镇居民等粮食消费者对粮食价格在可承受范围内，完善社会救助和保障标准与物价上涨挂钩的联动机制，必要时向困难群众发放临时价格补贴。

第三，粮食有效供给是一个动态的概念。随着我国工业化、城镇化不断加快和人口数量不断增长，大量农民工由粮食生产者转为粮食消费者，导致粮食对量的需求刚性增长。同时，随着经济社会的快速发展和人民生活水平的不断提高，对粮食优良品种的需求不断增加，导致粮食对质的需求逐渐提高。坚持质量兴农、绿色兴农，加快推进农业生产由增产导向转为提质导向，紧紧围绕市场需求变化，调整优化粮食种植结构，加快发展粮食精深加工转化，进一步减少无效和低端供给，增加有效和中高端供给，加快实施"放心粮油"工程，及时提供适销对路、品种多样、绿色健康、优质营养、质量安全的粮食产品，增加满足不同消费者个性化消费需求的特色产品、中高端产品有效供给，切实增强粮食产品供需结构的匹配度、适应性，不断满足人民群众日益增长的美好生活需要。

（二）创新追求

与已有的相关研究相比，本研究力求在以下几方面有所创新。

第一，研究视角创新。针对近年来我国粮食价格上涨出现的新情况和新问题，综合运用马克思政治经济学、西方（微宏观）经济学、制度经济学、计量经济学等有关理论，在新时期、新粮情、新政策环境下，运用时间序列模型对改革开放以来的粮食产量、生产成本、粮食价格，实证分析和规范分析相结合，既进行历史总结，又进行未来趋势判断，既从粮食生产成本构成的变化寻找种粮成本变化和粮价波动的直接原因，也从现有农情和粮情出发探究种粮成本变化和粮价的间接原因。将粮食价格波动置于农业供给侧结构性改革大视野下，以更新更高的视点，从社会生产和再生产、政府与市场关系、国内和国际对比等多个角度深入分析我国粮食价格形成与波动。同时，从比较研究的视角，对市场化改革前后我国粮食价格波动性质进行比较。

第二，观点创新。提出"粮食有效供给"新概念，主要体现在粮食有效供给是一个动态的概念、保持粮食总量和结构"两个平衡"、粮食生产成本和销售价格保持在合理水平上等三个方面；通过构建多分类 Logit 模型，分析物质投入成本、农户经营特征、农户种粮态度、农户基本特征对农户粮食生产投资选择行为的影响，得出有关模型研究结论，具有实践性和创新性；在已有粮食价格调控体系基础上，试点实行"粮食价格波动区间（上下限）调控"政策；要继续坚持和完善小麦、稻谷最低收购价政策，在条件允许、时机成熟的情况下，可考虑对部分地区小麦、稻谷进行目标价格改革试点，若试点成功再逐步推广开来。

第三，最新数据库。本研究对粮食价格及其影响因素数据选取了从 1978 年至 2017 年 40 年的年度数据，样本容量更大，研究结果也更为可信。在此基础上，用计量经济学模型分析存在的问题，判断未来粮食价格的运行状态，综合分析警情，通过调整模型中某些变量与参数进行政策模拟实验，以使提出的政策建议更具有针对性、可操作性。

第一章

市场化改革进程中我国粮价
波动态势及比较分析

改革开放 40 年来，随着粮食流通体制改革和粮食供求形势变化，我国粮食价格形成的市场化程度逐步提高。其间经历了计划经济体制向市场经济体制的逐步转轨，粮食价格波动经历了一个非常曲折的过程。当前和今后一段时期，农业生产进入高成本的新阶段。全面认识 40 年来市场化改革进程中我国粮食价格的波动规律，对有效化解"谷贱伤农"和"米贵伤民"及支农悖论等问题具有重要的理论和现实意义。

第一节　改革开放以来粮食
价格波动态势分析

粮食价格水平可以通过粮价绝对水平和粮价相对水平来衡量，前者指历年单位粮食的货币价格，后者指历年粮食价格指数。

一、粮食价格波动态势

综观粮食购销市场化改革以来我国粮食价格走势，其运行轨迹表现出明显的阶段性特征。为了比较市场化改革前后粮食价格波动态势的不同，首先从改革开放初期开始讨论。

（一）第一阶段（1978～1984 年）：提高粮食统购价格，粮价呈现震荡上升态势

这一阶段的价格波动波峰出现在 1979 年，波谷是 1982 年。粮食价格上涨较快的时期是 1978～1979 年，一是由于 1979 年国家大幅度提高了包括粮食在内的八种农产品的收购价格，粮食价格水平随之被逐渐推高；二是随着粮食购销体制的松动，集贸市场逐渐放开，进入市场的计划外产品价格不断上涨，从而引发粮食市场价格攀升。"1979 年，国家决定大幅提高粮食收购价格并从夏粮上市起执行，其中计划内收购部分提价 20%，超计划收购部分在此基础上再加价 50%。当年国家掌握的六种主要粮食品种每百斤加权平均统购价格由 10.64 元提高到 12.86 元。"[①] 由于粮食调价幅度较大，当年粮食价格指数上升 30.5%，为这一时期的粮食价格涨幅最大的一年。随后，由于当时计划购销体制尚未放开以及收储部门仓容限制，出现了农民"卖粮难"困境，导致了 1980～1983 年粮食价格第二次下跌，1982 年下跌 3.7%。

这一阶段，国家对粮食实现购价提高、销价不动、由国家财政补贴的政策，对调动农民增收粮食与交售余粮的积极性起了重要作用。[②] 随着国家开始进行以价格改革为着力点的经济体制改革，粮食价格长期固定不变的僵局被打破，开始呈现震荡波动态势（见图 1-1）。

[①] 曹筠. 国内粮食价格影响因素的主成分分析 [J]. 北方经济，2009 (4): 23 - 25.

[②] 亢霞. 新中国成立 60 年来我国粮食价格政策演变和实践研究 [J]. 中国粮食经济，2010 (4): 13 - 16.

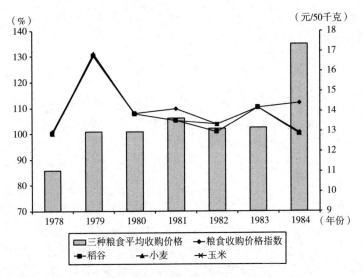

图 1 - 1　1978～1984 年我国粮食收购价格变化情况

注：图中标注数据分别为三种主粮每 50 千克平均收购价格和收购价格指数，下同。

资料来源：《中国统计年鉴》。

图 1 - 1 显示，改革开放初期粮价波动较小，粮食购销市场尚在计划经济控制之下，价格主要由政府统一制定，粮食价格的稍许波动主要是由政府调价所致。1978～1984 年三种主要粮食每 50 千克平均收购价格分别同比上涨 -0.5%、17.5%、-0.1%、5.3%、-3.8%、0.4% 和 31.7%。1984 年比 1978 年粮食收购价格上涨57.3%。从年际间价格指数来看，1978～1984 年粮食收购价格指数除 1979 年政府调整粮价力度较大致使上涨 30.5% 外，其他年份上升幅度稳定在 10% 左右，6 年间粮食价格指数年均增长 10.4%。这一期间，稻谷、小麦和玉米各自的价格变化态势趋于同步。

（二）第二阶段（1985～1991 年）：取消粮食统购，粮食价格波动幅度加大

这一阶段的价格波动波峰出现在 1989 年，波谷是 1990 年。自

1985 年始，国家对粮食购销体制进行改革，以市场化为取向，实行了 30 多年的粮食统购制度随之取消，取而代之的是合同订购制，这标志着合同定点收购与市场收购相结合的"双轨制"的确立。1985 年粮食价格实行双轨制后，市场调节的成分增多，粮价波动幅度较大。加之缺乏有效的市场监管，1984~1988 年粮食价格波动的总体态势是上涨的，1988 年粮食价格上涨幅度高达 23%。

1989~1991 年为下跌阶段，1989 年粮食价格开始回落，1990 年、1991 年连续两年粮食价格快速下跌，全国三种主要粮食每 50 千克平均收购价格分别降至 26.85 元和 26.12 元，1990 年粮食零售价格指数落差近 25%，这是由于在全国银根缩紧的大背景下市场普遍出现销售疲软现象，出现了第二次"卖粮难"现象，导致粮食价格持续下跌。

这一阶段，由于国家没有垄断粮食购销总量，一部分粮食收购途径、购销数量与价格由市场供求关系决定，粮食价格的市场调节成分开始破冰并逐渐增多，粮价波动幅度开始增大。"无论粮食波动是上升还是下降，持续时间均不长，表现出明显的蛛网模型特征"，① 如图 1-2 所示。

从图 1-2 可以看出，1985~1991 年稻谷、小麦和玉米价格波动基本处于同步变化态势，均呈现先扬后抑特点，国家于 1985~1989 年连年提高粮食收购价格，每 50 千克粮食平均收购价格分别比上年上升 2.07%、9.65%、6.53%、17.50% 和 19.21%；同期粮食收购价格指数从 1985 年的 101.8 增至 1989 年的 126.9%。粮食收购价格于 1989 年后高位回落，每 50 千克粮食平均收购价格从 1989 年的 28.98 元依次降至 1990 年的 26.85 元和 1991 年的 26.12 元，分别下降 7.1% 和 2.7%；与此相对应，收购价格指数下降 6.8% 与 6.2%，是改革开放以来粮食收购价格总水平的首度回落。

---

① 戴春芳、贺小斌、冷崇总. 改革开放以来我国粮食价格波动分析 [J]. 价格月刊，2008（6）：35-39.

这一阶段，粮价波动幅度显著增大，与 1990 年的波谷相比，1989 年粮食收购价格指数的波峰，落差高达 33.7%。这一阶段，玉米价格波动幅度稍大于稻谷和小麦。

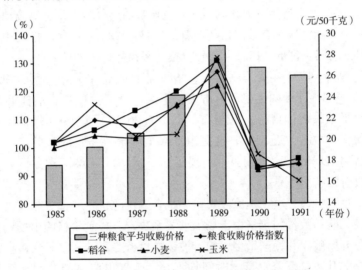

图 1-2　1985~1991 年我国粮食收购价格变化情况

（三）第三阶段（1992~1996 年）：粮食价格持续大幅上涨

这一阶段粮食价格波动波峰出现在 1994 年，波谷在 1992 年。1992 年后，在经历了前两次卖粮难的困境后，粮食市场化改革进程明显加快，至 1993 年，除少数县市外，全国 95% 以上的县市都已放开粮食购销市场。由于长期由政府制定的粮食价格不能反映供求关系，扭曲了市场价格，尤其是粮食购销价格长期倒挂，内部比价关系不合理，在实行粮食市场化改革后，粮食价格必然会有一个理性回归的过程，加之当时经济过热和通货膨胀的氛围助推了粮食价格的上涨。在此期间，粮食价格出现由下跌突然转为大幅上涨，1994 年涨幅达 40%，一直持续到 1995 年。1992~1995 年三种主要粮食每 50 千克平均收购价格分别同比上涨 8.8%、25.9%、66.0% 和 26.4%。

面对粮食价格持续大幅上涨的情况，粮食购销改革面临前所未有的考验。政府在购销两环节再度加强管制，恢复了由国有粮食部门统一经营，粮食销售品种和价格由政府决定，订购任务外的粮食才随行就市，实际上回到了合同订购和市场收购的双轨制。1995年实行"米袋子"省长负责制，以保障粮食供应和市场稳定。由此国有粮食企业出现巨额挂账，给国家财政造成沉重负担。[①] 亏损严重的国家粮食企业无力向农民敞开收购余粮，以致粮食价格高位急剧回落，粮食收购价格指数上升幅度由 1995 年的 29% 快速回落至 1996 年的 5.8%。

在此期间，粮食流通体制改革尚处于探索阶段，在思想观念、利益平衡等方面深受计划经济体制的影响，政府宏观调控在调控方式、调控手段等方面还缺乏丰富的经验，各地区对放开粮食价格的理解和实际操作上出现偏差，配套改革措施不健全，导致在全国粮食供求矛盾并不十分突出的背景下，市场粮价出现大涨大落，具体情况如图 1-3 所示。

从图 1-3 来看，这一阶段粮食价格波动呈现明显的"∧"形特征。1992~1995 年粮食收购价格逐年大幅提升，每 50 千克粮食平均收购价格从 1992 年的 28.43 元上升到 1995 的 75.11 元，3 年间上涨 154.8%，平均逐年递增 38.2%，相应地，价格指数累计上涨 133.5%。粮食价格出现了大幅持续上升局面，对此国家经过采取果断调控措施后，1996 年粮食平均收购价格高位小幅回落，粮食价格同比上涨指数也由上一年的 29.0% 回落至 5.8%。这一阶段，粮食价格上涨持续时间较长，反映出粮食市场化改革后粮价的变化趋势。

---

① 樊明等著. 种粮行为与粮食政策 [M]. 北京：社会科学文献出版社，2011：289-290.

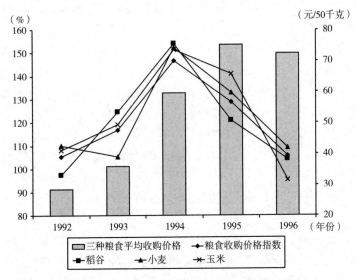

图1-3 1992~1996年我国粮食收购价格变化情况

(四) 第四阶段 (1997~2002年): 粮食价格处于高位下行阶段

这一阶段的价格波动波峰出现在2001年,波谷出现在1999年。1997年后,粮食连年大丰收,1998年粮食产量首次突破5000亿千克,1999年又稳定在这一水平,粮食出现了供大于求的局面,加之受我国通货紧缩的大环境影响,粮食价格开始由升转降,除2001年粮食价格窄幅回升外,6年间其余5个年份粮食生产价格均出现不同程度下跌,成为粮食购销市场化改革以来粮价下降持续时间最长的一段时期。这一阶段,粮食生产价格下降持续时间长、范围广,多数品种粮食价格均出现了不同程度下降。尽管国家实行了宏观调控下的市场化改革体制,加大以保护价收购粮食的力度,但粮食价格仍然在震荡中走低,在相对较低的价格水平上持续运行。这一期间粮食价格跌落情况,如图1-4所示。

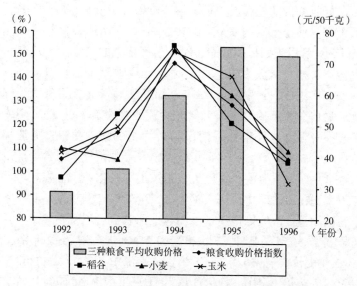

图 1 - 4 1997 ~ 2002 年我国粮食生产价格变化情况

由图 1 - 4 可见, 1997 ~ 2002 年三种粮食平均生产价格逆转前一阶段的上涨转而呈现下跌态势。1997 ~ 2000 年全国三种粮食每50 千克平均生产价格由 1997 年的 65. 09 元逐年下降至 62. 05 元、53. 04 元和 48. 36 元, 2001 年微涨为 51. 50 元转而降为 2002 年的49. 24 元; 与 1997 年相比, 2002 年粮食价格累计下降幅度达24. 4%, 稻谷、小麦和玉米分别下降 27. 1%、29. 6% 和 23. 1%。相应的粮食生产价格指数分别下跌 9. 8%、3. 3%、12. 9%、9. 8%、- 9. 8% 与 4. 2%, 累计下跌达 27. 9%。

（五）第五阶段（2003 年至今）：粮食价格呈现恢复性上涨态势

受 1999 ~ 2003 年粮食连年减产, 其中 2003 年粮食产量降至4. 5 亿吨以下, 供求关系趋紧, 粮食安全问题变得十分突出。2003年以来, 国家及时出台了一系列支农惠农强农政策, 在不断提高的粮食最低收购价的托底保护下，粮食市场价格也不断攀升，总体上看属于恢复性上涨。自 2003 年 10 月中旬开始，粮食价格走出了 1995 年 10 月以来的低迷状态，呈现筑底回升的趋势。2003 年全国粮食生产价格总指数为 104.48，2004 年则冲到了 126.21。为保障粮食安全，维护农民利益，2004 年国务院颁发《关于进一步深化粮食流通体制改革的意见》和《粮食流通管理条例》，把"对农民种粮直接补贴和放开粮食购销市场"为主的新一轮粮食流通体制改革推向全国。[①] 2005～2006 年，受国家宏观调控、粮食增产的影响，粮食生产价格指数和零售价格指数走势变化趋于平稳。2007 下半年以来，在原油期货价格大幅上涨、全球粮食供求偏紧等因素作用下，国际粮食市场价格出现了明显上涨趋势。当年粮食生产价格和零售价格分别同比上涨 10.3% 和 6.4%，其中稻谷价格上涨 5.4%，小麦价格上涨 5.5%，玉米价格上涨 15.0%，大豆价格上涨 24.2%。2007 年，全国三种粮食每 50 千克生产价格为 76.01 元，名义价格仅略高于 1995 年 75.11 元的水平。2008 年和 2009 年，国家继续提高稻谷和小麦的最低收购价格，同时加大玉米、大豆等临时收储力度，创新托市收购机制。2010～2016 年，三种粮食平均生产价格总体上呈明显上升态势，分别比上年上涨 3.78%、15.1%、19.2%、21.0%、24.3%、16.2% 和 8.5%，各粮食品种价格运行态势略显不同。

受一些国家出现粮食危机、个别年份粮食大幅度减产、大力发展生物燃料产业、粮食"政治化"等多方面因素影响，一些年份我国粮食价格波动幅度较大。2013 年以来，我国粮食产量连续多年突破 6 亿吨以上，粮食总体上供大于需，库存充裕，加之国家采取了一系列调控措施，粮食价格大体上高位平稳运行。尽管此间粮食价格呈现震荡上行，但由于农业生产资料价格同步上涨，粮食价格的上涨用于对生产投入增加的一种补偿，因此这一阶段粮价上涨更多的属于恢复性上涨。

---

① 国务院关于进一步深化粮食流通体制改革的意见 [R]. 中国政府网，2005.8.12.

图 1－5 显示，2003～2013 年粮食价格运行特点是在震荡中恢复性上涨。此间粮食生产价格指数除 2005 年适度回落 0.8% 外，其他年份粮食价格逐年稳步提高。与 2003 年相比，2013 年粮食平均生产价格由每 50 千克 56.54 元升至 120.7 元，增长 113.5%，平均逐年增长 7.88%。为了加快推动粮食收储制度市场化改革，激活市场要素主体，使粮食最低收购价更加贴近市场水平，同时为了向市场释放粮食优质优价的政策信号，引导种粮农户更加重视粮食质量，2016 年和 2017 年国家相继下调了稻谷的最低收购价，并提高了最低收购价粮食收购质量等级标准。

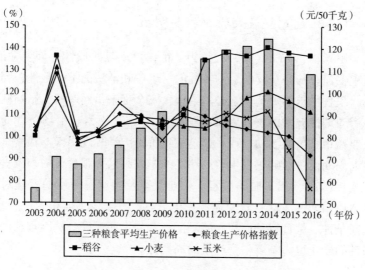

图 1－5　2003～2016 年我国粮食生产价格变化情况

二、近年来粮价波动主要特征

（一）呈现出较强的季节性变化

罗光强、谢卫卫（2012）认为，农产品价格波动的季节性影响是客观存在的，并且是有规律的；季节性特征成为农产品市场波动本身固有的共同属性，只不过由于品种特点和生长周期不同使其季节性表现呈差异性时节和程度特征。①

李静（2012）认为，对农产品价格季节波动的测定方法较多，但无论以何角度出发，其目的均是通过计算出价格波动季节指数来判定农产品的季节波动趋势和特征，换言之，季节指数是测定农产品价格波动趋势的核心因子。常用的农产品价格季节指数测定方法是按月平均法和12月移动平均比率法，后者备受相关理论学者的推荐，认为其计算结果较贴近农产品生产实际。②

（二）周期性波动特征较为明显

王青华、陈棣（2006）认为，粮食生产是阶段性、周期性的，而粮食消费却是持续的、常年性的，生产和消费的不一致性，容易引起粮食供求不平衡，这必然给粮食安全带来负面影响。影响粮食生产周期性波动的主要因素有三。（1）市场因素。市场条件变化主要指粮食价格波动，或者通过粮食价格波动表现出来。粮食价格波动周期性是影响粮食生产周期性的主要因素，粮食价格和粮食产量互相影响。（2）政策因素。农业政策及其实施力度的变化对粮食生产周期性波动有着明显的影响。（3）自然因素和生产条件。气候条件、粮食耕种面积、灌溉面积和受灾面积等自然因素和生产条件的变化也影响着粮食产量的周期性。③

---

① 罗光强、谢卫卫. 农产品价格波动的季节性特征研究——基于对我国猪肉市场价格波动的分析 [J]. 价格理论与实践，2012（6）：55 - 56.

② 李静. 农产品价格季节指数测定方法的实证偏差研究 [J]. 榆林学院学报，2012，22（3）：74 - 76.

③ 王青华、陈棣. 我国粮食生产周期波动与粮食安全分析 [J]. 经济纵横，2006（3）：36 - 43.

李汉光、张涛剑[1]把 1978～2006 年经济周期变化图和粮食价格周期变化图比较后发现，二者的周期波动具有很强的相关性，并呈现高度的一致性。1978～1992 年粮食价格与经济周期呈负相关关系，1992 年后呈现正相关关系。从 2003 年以来，经济周期和粮价波动幅度有收敛趋势，预示我国宏观调控更趋成熟。

（三）"政策市"是国内粮食市场的重要特征

贺伟、朱善利（2011）认为，从理论上讲，粮食供求关系的明显缓和应该导致市场价格下降，但国家出于对保护种粮农民利益、发展粮食生产的考虑，连续提高托市价格水平并实施了庞大规模的托市收储。政策对市场的强烈介入导致市场价格信号被人为扭曲，托市价格实际演变成为粮价的重要影响因素，市场机制对粮价的调节作用难以充分发挥。[2]

王士海、李先德（2012）认为，最低收购价政策对大部分粮食品种存在托市效应，其中小麦的政策效果最为明显，油脂业用大豆的政策效应为负，同样的政策对主产区和主销区的影响也有所不同。[3]

（四）作为农产品流通的两个重要末端——超市、农贸市场价格形成机制明显不同

欧阳瑜（2011）[4] 认为，不管是超市还是农贸市场都处于农产

---

① 李汉光、张涛剑. 粮食价格波动与经济周期的关联性初探 [J]. 农业发展与金融, 2012（6）: 46 - 52.

② 贺伟、朱善利. 我国粮食托市收购政策研究 [J]. 中国软科学, 2011（9）: 10 - 17.

③ 王士海、李先德. 粮食最低收购价政策托市效应研究 [J]. 农业技术经济, 2012（4）: 105 - 111.

④ 欧阳瑜. 农贸市场与超市农产品价格形成特征的比较分析 [J]. 现代经济信息, 2011（24）: 253.

品流通过程中的末端，但由于二者经营模式、市场定位以及销售理念的不同，其所处的市场环境也存在着本质的区别。超市是一种建立在现代化生活条件基础上产生的业态，农产品在超市中的经营过程更像是一种垄断式的竞争；在农贸市场中，经营者往往是一种单独经营的模式，经营的规模以及能够产生的市场影响力较小，因此其所处的市场环境与超市有着明显的区别，农贸市场更趋向于一种完全竞争模式。通常超市农产品的价格主要受到经营目标、定位、策略等条件的影响，但农贸市场农产品价格主要由批发价格、经营利润以及整体农贸市场的供求平衡来决定价格的走势。

三、市场化改革前后粮食价格波动比较

纵观改革开放 40 年来，我国经历了四次明显的粮食涨价，分别是 1988～1989 年、1992～1995 年、2004 年和 2010 年，每次波动成因不尽相同。"与粮食市场化改革前相比，粮食购销市场放开后粮食生产的稳定性得到提高，但粮食价格波动更加剧烈，价格对产量变化的反应与产量对价格变化的反应都更加敏感。"[①] 市场化改革前后，粮食价格波动带有明显不同的时代特征。

第一，体制环境不同。粮食市场是我国经济体制改革中较为滞后的一块领域，在 1978 年实行改革开放、粮食市场放开前的体制背景是传统高度集中的社会主义计划经济体制，而放开后是与社会主义市场经济体制相适应的粮食流通体制。经济体制的不同就决定了粮食价格的形成机制不同。1953～1984 年，我国粮食市场实行政府统一定价的统购统销政策。1985 年以后逐步放开粮食购销市场，中间经过几次政策反复，直到 2004 年实现购销市场化。在不同期间的粮食价格波动所处的制度环境不同，粮食行业政策也不同。

---

① 何蒲明、黎东升、王雅鹏. 市场化改革前后中国粮食生产和价格波动比较研究[J]. 中国农业资源与区划，2010（5）：53-56.

第二，供求矛盾不同。在实行粮食购销市场化之后，大多数粮食品种的市场价格在市场规律作用下回归到合理水平，并与国际市场粮食价格接轨。由于我国特殊的国情、农情和粮情，我国粮食产需关系长期处于短期状态，2003 年之前的每次粮食价格波动大多约束在这样的背景之下。而 2004～2014 年的粮价上涨是在粮食连年丰收的基础上发生的，即使是 2004 年粮食价格上涨也是在供略过于求的情况下发生的。

第三，波动的原因不同。粮食市场化改革前粮食价格波动主要是在封闭的经济条件下发生的，大多由产需缺口造成的，原因较为单一。1978～1984 年，国家陆续放开农村粮食初级市场，以人民公社为单位，在完成统购任务后允许社员在市场上出售手中余粮，价格随行就市。而粮食市场化改革后粮食价格波动的因素复杂较多，既有国内因素也有国际因素，既有市场因素也有政府因素，既有自然环境因素也有农民种粮预期因素，而且每次粮食价格波动的原因也不完全相同。

第四，波动带有突发性。粮食市场化改革前，粮食实行国家统一制定粮食价格的统购统销制度，统购统销价格具有全国统一性，购销价格长期倒挂，粮食价格剪刀差特征明显，粮食销价长期处于基本稳定状态。粮食市场化改革后，市场在资源配置中的基础作用日益加强，粮食流通对粮食生产的促进作用显著增强，但价格因素在市场供求矛盾运动中随之被放大了。"由于影响粮食价格的因素错综复杂，任何一个因素的较大扰动都可能会引致粮食价格的突发性涨落，尤其是国家没有建立储备体系的小品种粮食。近十年来一些粮食品种价格在短期内暴涨 40%，已经超过恢复性上涨的范畴，带有明显暴涨暴跌的性质。"①

---

① 李经谋、杨光焰. 对市场开放后我国粮食价格调控问题的反思 [J]. 粮食问题研究，2008（2）：46－51.

第二节 粮食价格波动的主要原因分析

我国自 1985 年开始市场化取向的粮食价格改革以来，至今已 30 余年。粮食价格作为百价之基，其频繁波动无论对生产者行为、消费者行为，还是宏观经济都会产生较大影响，而分析粮食价格的波动原因及其影响，对采取相应措施稳定粮食价格具有重要的现实意义。随着粮食流通体制改革和粮食供求形势变化，我国粮食价格形成的市场化程度逐步提高，其间粮食价格波动经历了一个非常曲折的过程，不同时期粮食价格波动的成因和影响既有共性，又有特殊性。在市场机制作用下，引起粮价波动的影响因素纷繁复杂，推动粮价波动往往是供求结构、经济形势、气候、社会以及政策等多种因素综合作用的结果。将粮食价格的影响因素分为内源因素与外源因素两方面，以此来实证分析我国粮价波动的成因。

一、内源因素分析

粮食价格波动的内源性因素，是指在市场上影响粮食价格的内在基础性因素，如粮食的供求状况、生产成本等，这些因素是粮食市场价格形成的基础，其稍许变动都有可能直接引致粮食市场价格的大幅波动。[1]

（一）市场供求矛盾

在粮食购销市场化改革进程中，粮食价格波动是供求矛盾运动的直接体现，由供求总量失衡、粮食品种失衡、供求的地区结构失衡等因素所引致。粮食的供给弹性与需求弹性不均衡，二者均较小，前者要大于后者。在粮食的总体需求相对稳定的情况下，扰动

粮食价格偏离均衡的因素主要来自供给层面。当遭受供给层面的技术性冲击时，往往会出现较大的波动。由于粮食是一种特殊商品，其产量与库存无法实现适时调整，存在较强的季节性与周期性，因此，粮食的丰产和歉收在很大程度上影响着粮食价格的波动。我国农户种粮决策主要根据上期或当期的粮食价格信息自主决定，而往往不是根据市场预期价格进行决策。因此，粮食价格对生产和供给的调节作用往往是"慢一拍"，粮食市场的供求波动呈现出典型的"蛛网效应"。

从实证分析来看。1984 年粮食大丰收，产量大幅度增加，粮食供求矛盾得以缓解，受其影响，1985 年粮食价格呈下降态势。当年小麦每百斤收购价为 21.37 元，同比下降 2.4%。1985 年粮食产量比上年减少 2820 万吨，之后连续 4 年仍未恢复到 1984 年的产量水平。由此，1986～1989 年粮食零售价格同比上涨 9.3%、6.2%、14.3%和 21.3%。与 1990 年相比，1991 年粮食减产 1095 万吨，此后连续多年粮食产量停留在 45000 万吨上下，由此 1992～1996 年粮食收购价格持续上涨，特别是 1994 年全国粮食零售价格同比上涨 48.7%。从 1995 年开始，我国连续 4 年粮食丰收，特别是 1996 年粮食产量首次突破万亿斤，达 50454 万吨，再加上 1995～1998 年粮食净进口 250 亿千克，导致粮食总供给量大于消费量，出现了结构性过剩。受其影响，1997～2000 年粮食零售价格持续走低。1999 年以来，全国粮食播种面积连续 5 年减少，粮食总产量持续 4 年下降，进入一个新的变动周期。1999～2003 年，全国粮食总产量累计减少 7769.1 万吨，2003 年粮食产量下降到仅有 43070 万吨。同时，粮食需求随人口数量不断增长而刚性增加，退耕还林补助粮更是新增的粮食消费，总需求量 49500 万吨，产需缺口近 6000 万吨，当年粮食生产价格指数上升 2.3%。[①] 客观地讲，粮食减产趋势是对上一轮超常增产周期的合理回归。2004 年粮食

---

① 王跃梅. 粮食价格波动与粮食安全 [J]. 价格理论与实践，2004 (11)：38 - 39.

生产价格比上年上涨 26.2%，在促进粮食生产的同时，粮食进口量激增，产需缺口逐步缓解。2005 年全国粮食喜获丰收，加之进口增加相对较多，粮食消费微增，带动当年粮食生产价格指数窄幅下降。粮价波动不仅受供求总量影响，还与供求结构直接关联。如玉米，由于其深加工产业尤其是燃料乙醇产业快速发展，2006 年玉米使用量达 2300 万吨，占国内玉米产量的 17%，引致玉米价格持续上涨。2006 年 10 月至 2007 年 6 月期间，玉米价格从每吨 1324 元涨到每吨 1617 元。[①]

值得指出的是，粮食产量的波动对粮食价格的影响并没与像其他商品那样剧烈。从图 1-6 不难看出，粮食产量大幅增长并没有引起粮食价格快速下降，相应地，粮食产量大幅下降的年份也并未引起粮食价格快速上升。对 1985~2016 年粮食总产量和粮食零售

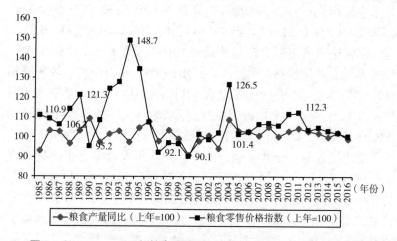

图 1-6　1985~2016 年粮食产量同比与粮食零售价格指数变化情况
资料来源：历年《中国农业统计年鉴》。

① 戴春芳、贺小斌、冷崇总. 改革开放以来我国粮食价格波动分析 [J]. 价格月刊，2008（6）：35-39.

价格进行格兰杰因果关系检验，结果显示，粮食产量变化并不是引起粮食价格波动的主要原因，也就是说，除此之外，还有其他因素引起粮食价格波动。

（二）生产成本推动

粮食生产成本是粮食价格形成的基本依据，而且粮食价格通常会随着生产成本的升降出现同向变化。粮食生产成本上升，促使政府提高粮食收购价格。改革开放之初，计划经济体制下的粮食价格主要为政府指令性价格，不能反映市场供求关系，一度出现种粮亏本的局面。1985 年以来，随着粮食价格市场化改革进程不断深入，粮食生产中的物质与服务费用、人工成本、土地成本等费用出现不同程度的上涨，导致粮食生产总成本不断攀升，这直接推高了粮食价格。

从历年统计数据来考察。1978 年，全国三种主要粮食每 50 千克平均生产成本为 11.5 元，成本收益率为 -3.73%，成本和收益倒挂。1979 年，国家大幅度提高了粮食收购价格，当年小麦、水稻和玉米收购价格分别比上年上涨 31.1%、30.2% 和 30.0%。除 1986 年粮食生产成本下跌 8.3% 外，1983～1996 年粮食生产成本持续上升，与 1983 年相比，1996 年全国三种主要粮食平均生产成本上升 485.3%，直接推动同期三种主要粮食平均市场价格上涨 448.9%。1997～2001 年，受三种粮食平均生产成本下降 9.5% 的影响，粮食生产价格随之下跌 20.9%。2002 年以后，受农药、化肥等农业投入品价格上涨及国际油价高企，粮食生产成本再度上升，导致粮食市场价格也在震荡上涨。分品种来看，小麦、稻谷、玉米平均生产成本与市场价格波动态势，总体上呈现高度一致性，即市场价格随着生产成本的变化而同向变动，[1] 如图 1 -7 所示。

---

① 冷崇总. 我国粮食价格波动问题研究 [J]. 价格与市场，2008（7）：29 -34.

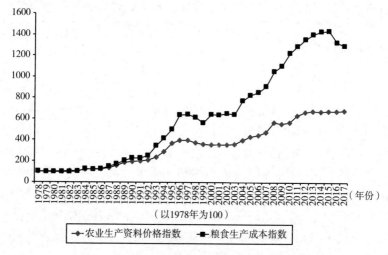

（以1978年为100）

图1-7 1985~2017年我国粮食生产成本指数
与生产价格指数变化情况

资料来源：历年《中国农业统计年鉴》。

二、外源因素分析

与内源性因素相对应，影响粮食价格的外源性因素是指一切非粮食生产本体的因素，即来源自外部而能对粮食生产直接或间接发生作用的因素，具有外部性特征，如自然灾害突发、国际市场价格变动、国家粮食政策调整等。

（一）自然灾害因素

自然灾害直接影响粮食产量的丰产与歉收，短期内影响到供需状况，从而刺激粮食价格波动。而居民市场预期变化会进一步放大供给层面产生的影响，使粮价波动加剧。当自然灾害造成粮食减产时，因粮食消费需求保持相对稳定，导致短期内粮价上升，进而助长居民对未来粮价进一步上升的预期，农户惜售或粮商增加投机性库存的情况就会随之产生，这样短期内粮价会被进一步推高。

我国粮食减产幅度比较大的年份，往往是遭受自然灾害比较严重的年份。图1-8反映的是1990~2016年我国旱灾和水灾面积对粮食产量的影响，旱灾面积的增加幅度与粮食产量的减产幅度基本同步变化，而水灾面积与粮食产量变化的同步性较差。由此说明，旱灾和水灾对粮食产量的影响不尽相同，旱灾在一年中发生频率高，有春旱、夏旱、秋旱、冬旱或连旱等季节之分，其影响要大于水灾的影响。从实证角度来看，1978~2016年我国有11个年份受灾面积超过5000万公顷，折合7.5亿亩，仅有4个年份受灾面积在3000万公顷以下；成灾面积占受灾面积的比重，绝大多数年份超过40%，甚至一些年份已超过60%。其中，1980年我国遭受严重的洪涝灾害，受灾面积4453万公顷，当年粮食产量比上年减产1156万吨，减幅3.5%，导致当年粮食收购价格指数上涨7.9%；1991年粮食成灾面积达2781万公顷，比上年成灾面积多出近1000

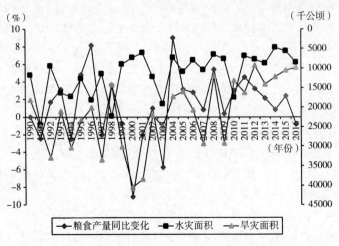

图1-8　1990~2016年旱灾、水灾对粮食产量的影响

资料来源：国家统计局官方网站。

万公顷，成为粮食零售价格比上年增长 8.6% 的重要原因；2003 年全国粮食成灾面积 3252 万公顷，其中旱灾面积达 2485 万公顷，严重旱灾使当年粮食减产 2636 万吨，直接导致粮食生产价格指数上升 2.3%；2004 年全国农作物旱灾面积 1725 万公顷，同比减少 760 万公顷，全国总体气候条件风调雨顺，当年粮食产量增长 9%，受其影响，2005 年粮食生产价格指数窄幅下跌 0.8%。

（二）国际市场传导

随着全球经济一体化发展，国内外市场联系日益加强，国内外粮食价格相互影响。"一方面，国际粮食市场是由不同国家的市场构成的，我国粮食产量、消费量占全球总产量、总消费量的 21%，我国粮食市场产需结构及价格变化必然会对国际粮食价格产生影响；另一方面，国际粮食市场中占据主导地位的国家其产需结构、价格变化又会影响我国粮价走势。"[1]

从时间序列看，1996~2002 年国内粮食市场与国际粮食市场的价格变动态势趋同，差别仅体现在升降幅度上。与 1996 年相比，2002 年国际市场稻谷、小麦、玉米价格分别下降 43.9%、26.4% 和 38.8%，同期国内对应三种粮食分别下降 24.2%、34.0% 和 18.4%。2004 年，我国小麦进口量达 723.3 万吨，比上年进口量 42.4 万吨多 16.1 倍；受国际粮价上涨影响，当年我国小麦生产价格指数同比上涨 31.2%。我国对大豆缺乏国际市场定价权，2006 年我国进口大豆达 2826.9 万吨，占到世界大豆进口总量的 44%。国内大豆市场和美国 CBOT 大豆价格显著相关，2007 年 4 月美国大豆价格比上年上涨 23.7%，直接拉动国内大豆市场价格同比上升 19.7%。

由于国家高度重视立足国内确保粮食安全的有效供给，多年来我国粮食自给率一直保持在 95% 左右。自 2004 年以来，我国粮食

---

[1] 朱险峰. 国际粮价与国内粮价关系分析［N］. 期货日报，2007.9.27.

产量实现连年丰产，在近年来全球粮食供求关系趋紧的情况下，为稳定国内粮食市场打下了坚实物质基础。据测算，2003～2010 年国际市场粮价年均波动幅度达 27.7%，比国内粮价高出 16.0%；对于粮价波动幅度大于 10% 的年份，国际市场有 6 个年度，而国内只有 3 年。其间国际粮价涨跌峰谷相差超过 100%，而同期国内粮价涨跌峰谷相差仅为 25%。

（三）政策因素

粮食政策变化对粮食价格的影响主要通过两种情况实现。一是国家通过出台有关价格政策导致粮食价格涨落。例如，国家通过提高或降低粮食最低收购价格、临储价格，在较大程度上直接影响粮食市场价格。二是国家制定的宏观政策，如政府粮食收购价格、农业信贷、农业基础设施投入、农业保险政策等，影响农民种粮收益预期，而农民的种粮收益预期可能会对其种粮决策和行为产生影响，进而影响粮食产量，从而间接影响粮食价格。粮食政策的变化对不同收入的粮农产生的影响不同，那些粮食收入占家庭收入比重较大的家庭会更关注粮食政策，粮食政策对其影响也较大。[①]

1985 年以后，我国在粮食市场化改革的道路上时进时退，反复的政策冲击致使粮食产量不稳定，进而造成粮食价格波动。由于当时制定的定购价与超购价的不合理，造成 1985 年粮食产量大幅下降。1992～1993 年粮食价格大幅上涨，其中市场供应不足是重要原因之一。

（四）通货膨胀引致

从国内情况来看，在经济过热条件下粮食价格上涨和通货膨胀

---

① 陆慧. 我国粮食价格波动影响因素及特征分析［J］. 安徽农业科学, 2011, 39（4）: 2446 - 2450.

往往同时发生。由于农业产业比较效益低下，非农产业效益因经济过热而增长迅速，资本、土地和劳动力易出现非农化倾向，进而影响粮食生产，造成粮食供应下降、粮价上涨。因此，导致经济过热和通货膨胀的因素一旦传导至农业部门，必然造成粮价快速上涨，进一步加大通货膨胀压力。图1－9反映的是1985年以来CPI与粮食价格涨跌变化情况，二者走势变化呈现较强的一致性。由此说明，粮食价格与通货膨胀之间存在着比较明显的经济关联，通货膨胀对粮食价格有显著影响，呈正相关关系。研究表明，二者互为格兰杰因果关系。

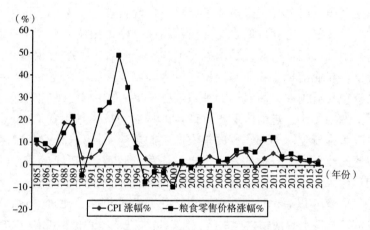

图1－9 1985～2016年CPI与粮食零售价格涨跌变化情况
资料来源：历年《中国统计年鉴》。

从近年来粮食价格与通胀的关系来看，2007～2009年粮食产量明显增加，自然灾害的成灾面积也呈下降态势，但这一期间的粮食价格却仍然不断攀升，而同期CPI也是快速上涨的，这种量增价涨的现象就在于通胀预期的影响。2001～2003年粮食产量受播种面积下降和宏观政策影响而减少，但是粮食价格却一直在低位运行，而同期整个宏观经济处于低通胀水平，粮价虽有波动但却受到了低通胀预期抑制没有大幅上涨。以上两个事实从正反两方面说明了，市场的通胀预期助长了粮食价格波动。

从国际输入型通货膨胀来看，前些年我国外部输入型通胀风险不容忽视，尤其是美国实施的几轮量化宽松货币政策滞后效应、美元贬值及国际市场粮食等大宗商品价格波动对国内市场价格走势变化产生了较大影响，如 2010 年下半年以来的国内粮食市场价格波动就与其有较大关系。2012 年 9 月，美联储宣布推出第三轮量化宽松货币政策（QE3），每月购买 400 亿美元的抵押贷款支持证券（MBS），并维持现行的扭曲操作不变，延长 0 ~ 0.25% 的超低利率至 2015 年，并由此引发了国内对未来输入型通胀风险的担忧。

随着我国外向型经济迅速发展，进出口规模逐渐扩大，对外贸易依存度持续高位运行，而进出口商品结构失衡，使我国经济运行增加了输入型通货膨胀风险。2000 ~ 2015 年我国对外贸易依存度，如表 1 - 1 所示。

表 1 - 1　　2000 ~ 2015 年我国对外贸易依存度变化情况

项目	2000 年	2001 年	2002 年	2003 年	2004 年	2005 年	2006 年	2007 年
外贸依存度（%）	39.2	38.1	42.2	51.3	59.0	62.4	64.2	61.7
项目	2008 年	2009 年	2010 年	2011 年	2012 年	2013 年	2014 年	2015 年
外贸依存度（%）	56.3	43.2	48.8	48.3	45.2	43.4	41.0	35.6

资料来源：国家统计局网站。

不难发现，2001 ~ 2006 年是我国外贸依存度上升最快的时期，2006 年已升至 64.2%，6 年间上升了 26 个百分点。2010 年以来我国小麦、玉米、稻谷、大米和食用油菜籽进口均大于出口。与上年相比，2012 年进口玉米翻了两番多，小麦进口量增加了 2 倍多。另据海关总署数据显示，2017 年我国进口大豆 9554 万吨，比上年增加 1163 万吨，增幅达 13.9%，其中从美国进口大豆超过 3200 万吨，从巴西进口大豆超过 5000 万吨，二者合计占比超过 85%。我国经济较高的外向程度和对国际市场的较大依赖程度，导致国内经济受国际市场影响较大，国际粮食等大宗商品价格上涨能在短时间内传导至国内，引发国内输入型通货膨胀，尤其是 2018 年 3 月份以来中美贸易摩擦不断升温，大豆等部分商品进口成本上升，可能加大上下游价格传导压力和通胀风险。从世界各主要经济体的通货膨胀率来看，2016 年美国、欧元区、巴西、印度、俄罗斯消费者价格指数比 2010 年累计上涨 10.1%、7.5%、50.5%、55.0% 和 62.2%（见表 1 - 2）。在全球经济一体化不断深化的大背景下，面对全球通货膨胀，我国不可能独善其身，进口商品价格上涨已成为带动国内市场价格上涨的主要因素，2016 年我国居民消费价格指数比 2010 年累计上涨 17.1%。

表 1 - 2　　　　　　　部分国家消费者价格指数　　　（2010 年 = 100）

年份	世界	中国	美国	欧元区	巴西	印度	俄罗斯
2011	104.8	105.4	103.2	102.7	106.6	108.9	108.4
2012	108.8	108.1	105.3	105.3	112.4	119.0	113.9
2013	112.8	111.0	106.7	106.7	119.4	132.0	121.6
2014	116.4	113.2	108.6	107.2	126.9	140.8	131.2
2015	119.6	114.4	108.7	107.2	138.4	147.7	151.5
2016	122.8	117.1	110.1	107.5	150.5	155.0	162.2

资料来源：根据《中国统计摘要（2017）》有关数据整理而成。

第三节　粮食价格波动的主要经济效应

粮食价格波动的形成机理比较复杂，对经济、政治和社会产生广泛影响，如粮食生产投入效应、农民收入分配效应、产业链传导效应与政策效应等。

（一）粮食生产投入效应

粮食价格涨跌与粮食生产投入紧密相连。在市场经济条件下，供求关系决定价格，价格的变化反过来又影响供求关系，粮食的供求关系与价格变化的作用机理亦是如此。即当年粮食价格上涨时，会刺激下一生产年度的粮食生产，扩大投入，增加供给；反之当年粮价下降，粮农会预期来年种粮收益减少，于是降低投入，减少供给。当粮食价格发生波动时，农民往往通过调整播种面积、种植结构、资本和劳动投入等途径使自身利益最大化。

在调整播种面积方面。改革开放初期，国家大幅提高粮食收购价格，调动了农民种粮积极性，1984 年全国粮食大丰收，粮食收购价格因农民卖粮难而下跌，受"谷贱伤农"影响，1985 年全国粮食播种面积相比上年减少 403.9 万公顷。1986～1989 年，粮食收购价格逐年上涨，粮食播种面积逐年恢复，产量逐年走高。1990～1991 年，受粮食收购价格连续下跌影响，粮食播种面积开始逐年减少，至 1994 年播种面积跌至改革开放以来历史低位。1994～1996 年粮食收购价格逐年上调，直接引致粮食播种面积也随之扩大。1997 年后受亚洲金融危机蔓延影响，国内粮食收购价格不断走低，农民种粮收益持续下降，1998 年后粮食播种面积逐年缩减，至 2003 年已减至 1 亿公顷以下，仅为 9941 万公顷。自 2003 年下半年起，粮食零售价格大幅上涨，在预期收益看涨的刺激下，2004 年粮食播种面积比上年增加 137.8 万公顷。此后，随着国家对粮食生产的高度重视，粮食收购价格持续恢复性上涨，受其影响，粮食播种面积实现"十二连增"，至 2015 年增至 11334 万公顷。

在资本投入方面。由于农民对种粮收益的短期行为很强，而对具有长期效益的土地基本建设投资缺乏积极性，这样粮食价格变化促使粮农对化肥、农药和农业机械等具有速效增产效应的物质方面增加资本投入，反之则减少资本投入。1979 年，全国粮食收购价格大幅攀升，直接促进当年农业机械总动力比上年增加 13.9%。

在 1986 ~ 1989 年粮食价格上涨期间, 农民增加生产性固定资产投资 35.3%, 1992 ~ 1996 年粮食收购价格上涨, 包括化肥、农药和机械作业费在内的物质与服务费用明显增加。而在 1997 ~ 2003 年粮食生产价格下降期间, 粮食生产亩均物质与服务投入不升反降。2004 ~ 2010 年, 随着粮食价格恢复性上涨, 农民种粮积极性提高, 不断增加种粮的物质与服务投入, 7 年间从亩均 200.12 元增加至 423.50 元, 翻了一番多。

在劳动投入方面。就我国国情而言, 劳动一般不会构成限制性因素。随着农业机械化普及程度的不断提高, 劳动投入变化表现为人工劳动不断被机械所取代。

(二) 产业链传导效应

一般来说, 粮食价格上涨将推动其上游产业链, 如种子、化肥、农药、农用机械等行业发展。一是粮食价格上涨有助于提高粮农购买优质种子的能力; 二是良好的种植收益促进农民扩大粮食生产的积极性。

对于中游产业链来说, 粮食价格上涨有利于带动粮食流通的活跃度, 这为粮食流通、交通运输、物流配送等行业产生正面刺激。

但是, 下游产业链则要面临着较为严峻的考验。由于下游企业一般是需求方, 上游供给方粮食价格上涨会传导至下游企业, 直接导致下游企业采购成本上升, 如果下游企业不能顺利转嫁粮食价格上涨的风险, 如商品销售价格无法跟进调整或者销售价格面临竞争压力, 则上游粮食价格上涨将压缩下游企业的盈利空间。例如, 随着玉米、大豆等原料成本大幅上涨, 作为下游产业链的酒厂、食用油企业及食品加工业日益感到成本上涨压力, 从而引致食品价格上涨和加大通胀压力。

(三) 农民收入分配效应

卖粮所得是农民收入的重要组成部分, 粮价波动对农户收入产生的直接损益自不待言。改革开放40年来，农民收入结构发生了显著变化，增收渠道不断拓宽，如表1-3所示。在农民纯收入构成中，由于来自农业收入处于支配地位，而来自非农产业的收入只起补充作用，这就诱发农民收入随着农业生产和粮食价格波动而变化。

表1-3　　　1985~2016年全国农民家庭人均纯收入来源及构成

年份	纯收入（元/人）	家庭经营收入		工资性收入		财产性和转移性收入	
		（元/人）	比重（%）	（元/人）	比重（%）	（元/人）	比重（%）
1985	397.6	296.0	74.4	72.2	18.1	29.5	7.4
1991	708.6	523.6	73.9	151.9	21.4	33.0	4.7
1992	784.0	551.6	71.6	184.4	23.5	38.0	4.9
1996	1926.1	1362.5	70.7	450.8	23.4	112.8	5.8
1998	2162.0	1466.0	67.8	573.6	26.5	122.4	5.7
2000	2253.4	1427.3	63.3	702.3	31.2	123.8	5.5
2001	2366.4	1459.6	61.7	771.9	32.6	134.9	5.7
2002	2475.6	1486.5	60.0	840.2	33.9	148.9	6.0
2003	2622.2	1541.3	58.8	918.4	35.0	162.6	6.2
2004	2934.4	1745.2	59.4	998.5	34.3	192.1	6.3
2005	3254.9	1844.5	56.6	1174.5	36.5	235.9	6.9
2006	3587.0	1931.5	53.8	1374.8	38.3	281.3	7.9
2007	4140.36	2193.67	53.0	1596.22	38.6	350.47	8.4
2008	4760.6	2435.6	51.2	1853.7	38.9	471.3	9.9
2009	5153.2	2526.8	49.0	2061.3	40.0	565.1	11.0
2010	5919.0	2832.8	47.9	2431.1	41.1	655.1	11.0
2011	6977.3	3222.0	46.2	2963.4	42.7	791.9	11.1
2012	7916.6	3533.4	44.6	3447.5	43.5	935.8	11.9
2013	8895.9	3793.2	42.6	4025.4	45.3	1077.3	12.1
2014	9698.2	3620.1	37.3	4137.5	42.7	1940.6	20.0
2015	10577.8	3861.9	36.5	4583.9	43.3	2132.7	20.2
2016	11600.6	4203.9	36.2	5000.8	43.1	2395.9	20.6

资料来源：国家统计局官方网站。

不难看出，在 1985～2016 年农民家庭人均纯收入构成中，家庭经营收入占农民纯收入比重由 1985 年的 74.4% 下降到 2016 年的 36.2%，下降了 38.2%。尽管家庭经营收入占农民纯收入的比重呈逐年下降态势，但总体上仍保持在人均纯收入的 1/3 多，即家庭经营收入在农民纯收入中仍然占有重要地位，目前仍是我国农民收入的主要来源。调查显示，"我国仍有 3/4 的农户是纯农户或以农业为主的兼业户，他们收入的主要来源仍然是农业，特别是中西部地区的广大农户，来自农业的收入高达 60% 以上"。① 增加家庭经营收入目前仍是提高农民收入的主要途径，而家庭经营对农户来说主要是从事粮食生产。所以，粮食价格涨跌事关农民种粮收益，粮价上涨，农民收益增加，反之农民收益减少。不同类型农户粮食价格上涨中受影响程度不同，对于规模较大的、商品率较高的种粮农户，他们在粮食价格上涨中收益较大，而且粮价上涨进一步激发了种粮积极性，而对于普通种粮农户，由于其种植规模小，往往又通过打工等方式取得收入，因其收入来源多元化，粮价上涨对其家庭收入的影响程度不高。对于少地、无地、贫困农户，将会在粮食价格上涨中受到负面影响。

从 1978 年以来粮食价格上涨对农民收入影响的实证角度来看。1979～1984 年，随着国家大幅度提高粮食收购价格，直接促使同期农民人均纯收入年均递增 17.7%。同样，1985～1989 年粮食收购价格持续上涨，种粮农民受益，同期农民人均纯收入平均每年增长 11.2%。1990～1991 年，粮食收购价格下降，同期农民人均纯收入年均递增率放缓至 8.5%。1992～1996 年，粮食收购价格累计上涨 27.7%，农民人均纯收入年均增长 19.7%，其中 1993～1995 年因粮食市场价格暴涨，使农民粮食收入翻了一番。1997～2002 年，粮食生产价格指数累计下跌 20.1%，此间农民人均纯收入年

---

① 陈艳、叶慧、王雅鹏. 农民农业收入增长影响因素通径分析 [J]. 商业研究, 2005 (23)：201-204.

均增长率降至4.3%，大大低于同期城镇居民收入增长率。2004年，粮食生产价格逆势大幅上扬，涨幅达28.1%，当年农民人均纯收入增长11.9%，增幅明显增加。粮食价格上涨直接使农民收入比2003年增加165元，粮价上升对该年度农民纯收入增加的贡献率达93.8%。2005～2016年，粮食生产价格指数累计上涨74.9%，同期农民人均纯收入增长2.56倍。

第二章/

粮食价格波动：粮食产量视角

众所周知，影响粮食有效供给的因素是多方面的，包括粮食产量波动、粮食生产成本变化、粮食储备和吞吐调节、粮食进出口、粮食产销衔接机制、重大自然灾害和突发事件等。党的十九大报告明确指出，"加快发展现代农业，增强农业综合生产能力，确保国家粮食安全和重要农产品有效供给。""手中有粮，心中不慌"，粮食有效供给是影响粮食供求状况、进而影响粮食价格走势变化的最基本因素。在工业化、信息化、城镇化、农业现代化同步发展的新背景下，科学判断我国粮食综合生产能力及发展态势，深入实证分析影响我国粮食生产的因素，探寻制约我国粮食生产的关键因素，为制定科学合理的粮食行业政策提供理论依据，具有重要的实践意义。

第一节　粮食生产波动情况的实证分析

粮食生产是在一定地域内的自然系统和社会系统耦合而形成的复杂体系。影响粮食产量的因素很多，探寻制约我国粮食生产的关键因素，成为科学制定粮食生产政策的重要参考依据。近年来，不少学者选取不同影响因子对粮食产量进行了实证研究，由于研究方法和地理范围以及样本区间的不同，研究结果亦有很大差异。为了分析粮食总产量的影响因素及影响程度，利用 1978～2016 年与粮食产量密切相关的各项统计数据，对粮食产量及其影响因素之间进行实证分析。

一、数据来源及模型设定

（一）影响因子的选取与数据来源

影响粮食生产的因素很多，如制度因素、物质投入、土地、生产方式、技术进步、劳动力、生产结构、气候条件等诸多因素都影响着粮食产量。为了基本涵盖这些基本因素，选择了上面三类因素中具有典型意义的 6 个指标——粮食播种面积、农业化肥施用量、成灾面积、农业机械总动力、有效灌溉面积、生产成本与零售价格指数之比为解释变量，以粮食总产量为被解释变量。对于这些影响因素，根据 1978～2016 年统计数据，借此来分析我国粮食产量的影响因素及其贡献率。下面对本模型所选数据做一些说明。

（1）粮食产量。在模型中用 Y 表示，作为被解释变量，从历年数据可知它是波动不定的，但总体趋势是增长的。

（2）播种面积。在模型中用 X_1 表示，指实际播种或移植粮食作物的面积。随着粮食播种面积增加，粮食产量也会相应增加，二者呈正相关关系。

（3）化肥施用量。在模型中用 X_2 表示，指实际播种和生产中对粮食施用化肥的数量。化肥可以促进粮食作物生长，故施肥量越多，粮食产量应该越多。

（4）成灾面积。在模型中用 X_3 表示，指在遭受自然灾害的受灾面积中，粮食实际收获量较常年产量减少 3 成以上的播种面积。其中，粮食受灾面积指年内因遭受水灾、旱灾、霜冻、风雹灾、病虫害及其他自然灾害，使粮食较正常年景产量减产一成以上的播种面积。成灾面积增加会使粮食产量减少，二者呈负相关关系。

（5）农业机械总动力。在模型中用 X_4 表示，包括粮食耕作机械、排灌机械、收获机械、粮食运输机械、植物保护机械和其他农业机械等。农业机械总动力越多，农业机械的使用越充分，粮食播种效率越高，它的增加会使粮食产量增加。

（6）有效灌溉面积。在模型中用 X_5 表示，"指具有一定水源，灌溉工程或设备已经配套，在正常年景下，当年能够进行有效灌溉的耕地面积。通常情况下，有效灌溉面积等于灌溉工程或设备已经配备，能进行正常灌溉的水浇地面积和水田之和。它是反映我国耕地抗旱能力的重要指标之一，与粮食产量呈正相关关系。"[①]

（7）生产成本与零售价格指数之比。在模型中用 X_6 表示，指以 1978 年为基期，同一年份的粮食生产成本指数与粮食零售价格指数的比值。该值越高，说明农民种粮收益越差，与粮食产量呈负相关关系。

（8）其他因素。在模型中用 U 表示，如国家粮食政策、粮食科技进步等。

（二）模型设定与数据收集

基于上述影响因素的基础上，将模型设定为多元线性回归模型，采用最小二乘法估计出模型的线性表达式，并对模型进行检验和调整，得到影响粮食产量的计量模型。

根据各变量之间的相关关系，估计粮食产量的回归模型为

$$Y_i = C_0 + C_1 X_{1i} + C_2 X_{2i} + C_3 X_{3i} + C_4 X_{4i} + C_5 X_{5i} + C_6 X_{6i} + U$$

1978～2016 年粮食总产量及其影响因素数据，如表 2－1 所示。

---

① 赵越、杨楠. 中国粮食产量影响因素的实证分析 [J]. 知识经济，2012（5）：37－41.

表 2 – 1　　　1978～2016 年粮食总产量及其影响因素数据变化情况

年份	产量（万吨）Y	粮食播种面积（千公顷）X_1	化肥施用量（万吨）X_2	成灾面积（千公顷）X_3	农业机械总动力（万千瓦）X_4	有效灌溉面积（千公顷）X_5	生产成本与零售价格指数之比 X_6
1978	30476.5	120587	884.0	24457	11749.9	44965	1.0
1979	33211.5	119263	1086.3	15790	13379.2	45003	0.909
1980	32055.5	117234	1269.4	29777	14745.7	44888	0.867
1981	32502.0	114958	1334.9	18743	15680.1	44574	0.850
1982	35450.0	113463	1513.4	16117	16614.2	44177	0.866
1983	38727.5	114047	1659.8	16209	18021.9	44644	0.878
1984	40730.5	112884	1739.8	15607	19497.2	44453	1.085
1985	37910.8	108845	1775.8	22705	20912.5	44036	0.974
1986	39151.2	110933	1930.6	23656	22950.0	44226	0.902
1987	40297.7	111268	1999.3	20393	24836.0	44403	1.024
1988	39408.1	110123	2141.5	24503	26575.0	44376	1.027
1989	40754.9	112205	2357.1	24449	28067.0	44917	1.027
1990	44624.3	113466	2590.3	17819	28707.7	47403	1.203
1991	43529.3	112314	2805.1	27814	29388.6	47822	1.098
1992	44265.8	110560	2930.2	25859	30308.4	48590	0.969
1993	45648.8	110509	3151.8	23133	31816.6	48728	1.045
1994	44510.1	109544	3318.2	31383	33802.5	48759	0.853
1995	46661.8	110060	3593.7	22267	36118.0	49281	0.757
1996	50453.5	112548	3827.9	21233	38546.9	50381	0.899
1997	49417.1	112912	3980.7	30309	42015.6	51239	0.980
1998	51229.5	113787	4083.7	25181	45207.7	52296	0.972
1999	50838.6	113161	4124.3	26731	48996.1	53158	0.925
2000	46217.5	108463	4146.4	34374	52573.6	53820	1.166

$t_{0.025}(27) = 2.052$，此时 X_4 的 t 检验不显著。

从经济意义分析来看，X_4 和 X_5 的回归系数为负，说明农业机械总动力的提高和有效灌溉面积的增加反而会导致粮食产量下降，这与经济学理论与经验预期值相反。

由以上初步检验可以判定，回归模型中具有多重共线性，需要进行检验和修正。

首先，运用 Eviews 9.0 对 X_1、X_2、X_3、X_4、X_5、X_6 进行多重共线性检验，得出各解释变量的相关系数矩阵，如表 2 - 2 所示。

表 2 - 2　　　　　　　六变量的相关系数矩阵

变量	X_1	X_2	X_3	X_4	X_5	X_6
X_1	1.000000	- 0.716818	- 0.248631	- 0.697517	- 0.629681	- 0.546847
X_2	- 0.716818	1.000000	0.263737	0.958877	0.965894	0.624549
X_3	- 0.248631	0.263737	1.000000	0.149900	0.224997	0.092112
X_4	- 0.697517	0.958877	0.149900	1.000000	0.975040	0.722309
X_5	- 0.629681	0.965894	0.224997	0.975040	1.000000	0.676820
X_6	- 0.546847	0.624549	0.092112	0.722309	0.676820	1.000000

由上述相关系数矩阵可以看出，各解释变量相互之间的相关系数较高，特别是 X_2 与 X_4、X_5 之间高度相关，证实解释变量之间存在多重共线性。根据综合判别法与简单相关系数检验法分析的结果可以知道，本案例的回归变量间确实存在多重共线性。下面我们将采用逐步回归法来减少共线性的严重程度。一元回归估计结果如表 2 - 3 所示。

表 2 - 3　　　　　　　一元回归估计结果

变量	X_1	X_2	X_3	X_4	X_5	X_6
参数估计值	- 0.753548	4.220346	0.189435	0.232857	1.073252	25310.63
t	- 3.576021	13.58239	0.855599	8.569445	8.867357	3.408282
R^2	0.292042	0.856136	0.023070	0.703166	0.717231	0.272580
$\bar{R}^2$	0.269205	0.851495	- 0.008444	0.693590	0.708109	0.249115
排序	4	1	6	3	2	5

以上结果显示，加入 X_2 的可决系数 R^2 最大，说明粮食生产受化肥施用量的影响最大，与经验期望值相符合，因此选下式作为初始的回归模型。

$$Y_i = 30207.35 + 4.220346X_{2i}$$

模型检验：

（1）实际意义检验：$C_2 = 4.220346$，说明在其他变量不变的情况下，农户每增加施肥量 1 吨，粮食产量平均增加 4.220346 吨。

（2）拟合优度检验：$\overline{R}^2 = 0.856136$，接近于 1，说明回归直线对样本点模拟非常好。

（3）F 检验：$F = 184.4813 > F_{0.05}(1,32) = 4.15$，说明施肥量对粮食产量影响显著。

（4）T 检验：变量 X_{2i} 的 t 统计量为 13.58239，查表得临界值 $t_{0.025}(32) = 2.04$，显然，变量 X_{2i} 的 t 统计量大于临界值，因此，施肥量对粮食产量有显著影响。

由上面系数矩阵可知，X_2 与 X_4、X_5 三者之间存在高度相关性，故在 X_2 的基础上，顺次加入 X_1、X_3、X_6，结果如表 2-4 所示。

表 2-4　　　　　　　　二元回归估计结果

变量	X_1	X_2	X_3	X_6	$\overline{R}^2$
X_2、X_1	0.352337 (2.872931)	5.046490 (12.57964)			0.887177
X_2、X_3		4.339476 (13.69366)	-0.123513 (-1.425380)		0.865261
X_2、X_6		4.480904 (11.28128)		-4434.203 (-1.050338)	0.861239

由表 2-4 中数据可知，X_2 与 X_1 的可决系数最大，且加入 X_1 后

$$Y_i = -24925.61 + 0.4633X_{1i} + 5.4830X_{2i}$$

三、模型主要结论

回归模型显示，化肥施用量和粮食播种面积是影响我国粮食产量的最主要因素。其中，化肥施用量每变动一个单位，粮食产量变化 5.046 个单位；粮食播种面积每变化一个单位，粮食产量变化 0.352 个单位。图 2 – 2 为粮食产量实际值与模型拟合值及二者相差百分比的关系曲线，可以看出模型拟合值与实际观测值具有很高的拟合度，最大拟合误差仅 17.4%。

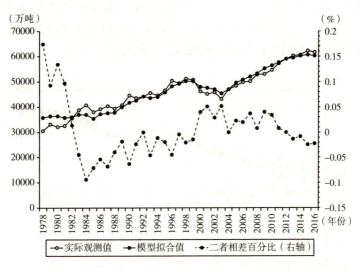

图 2 – 2　1978～2016 年粮食产量实际值、模型拟合值变化情况比较

如图 2 – 2 显示，拟合误差较大的年份，如 1978 年、1980 年、1984 年、1990 年、1996 年及 2003 年，主要是因为作为外生变量的政策因素所致，政府干预成为影响我国短期粮价走势变化的主导因素。

第二节　粮食产量影响因素分析

粮食生产是在一定地域内的自然系统和社会系统耦合而形成的复杂体系。引起粮食产量波动的原因与影响粮食产量的因素既相联系，又相区别。影响粮食产量的因素纷繁杂多，大体上可分为宏观、中观和微观三个层次。

对于宏观因素，主要有三种：一是制度创新，如 20 世纪 80 年代初开始实施的家庭联产承包责任制，以及取消农业税等税费改革等；二是政策导向，如 2004 年以来粮食最低收购价政策、粮食直接补贴，以及 2008 年以来临时收储政策等；三是科技进步，如良种培育、高效种植技术推广、机械化程度提高等，尤其是杂交水稻的技术发明极大提高了水稻单产量，是农业生产的一项技术革命。"因宏观因素的影响力度大、范围广，且具有不连续的特点，故引起的粮食产量波动通常是异常波动。"[①]

对于中观因素，主要有粮食种植面积、单位面积粮食产量、成灾面积、劳动者技能、粮食零售价格、国家粮食收购价格、生产成本及收益等。

对于微观因素，主要是粮食生产过程中各种涉农要素投入量，如土地、化肥、机械、劳动、资本等投入量。这些因素是影响粮食产量的直接因素。

上面影响粮食产量的三个层次因素大体划分为可以量化的三类体系——物质投入类、资源环境类和政策因素类。为了分析粮食总产量的影响因素及影响程度，我们利用 1978～2016 年与粮食产量密切相关的各项统计数据，对粮食产量及其影响因素之间进行实证分析。

---

① 朱磊、贺小莉．天津粮食发展：现状及影响因素［J］．中国食物与营养，2009 (2)：13－14.

一、物质投入类

在我国粮食产量不断提高的过程中，很多因素都起了非常重要的作用，特别是物质投入类因素最直接影响粮食的单产水平，其主要包括单位面积化肥施用量、单位面积农用机械总动力和单位面积农业技术投入等，而在诸多影响因素中，化肥的贡献作用非常明显。从具体数据来看，"通过不同地区、不同时期、不同变量的设定和模型构建的统计和计量分析，其结果也不尽相同。"①

为了全面认识化肥施用量对粮食产量的影响，下面从几个角度进行分析。

其一，从历年化肥施用总量与粮食总产量之间关系的角度进行分析。

影响化肥施用量的因素主要有粮肥价格比、化肥的增产效应大小、化肥利用率及耕地肥力等因素。基于 1978～2016 年的粮食生产历年数据，在回归模型所选影响因素中，化肥对粮食产量的影响最大，相关系数为 5.05，这是显而易见的。因为化肥的增产效应最明显，直接影响粮食单产，从而影响粮食总产量。图 2－3 为1978～2016 年我国粮食产量、化肥施用量与农用机械总动力的关系曲线。由图 2－3 可知，改革开放以来我国化肥施用量以较高的增幅持续增长，显著快于粮食总产量的增长率，粮食总产量由30476 万吨增加到 2016 年的 61624 万吨，增长 102.2%，而同期化肥施用量却从 884 万吨增加到 5984 万吨，增长 5.77 倍，年均增长 5.68%。

---

① 张利庠、彭辉、靳兴初. 不同阶段化肥施用量对我国粮食产量的影响分析［J］. 农业技术经济，2008（4）：29－35.

粮食产量（10⁷千克）
农用机械总动力（10⁷瓦）

化肥施用量（10⁷吨）

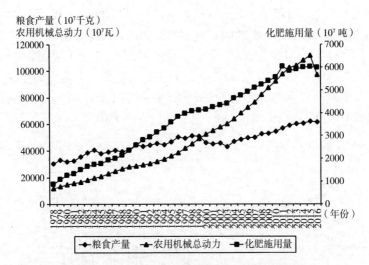

图 2－3　1978～2016 年粮食产量、化肥施用量
与农用机械总动力变化情况

资料来源：历年《中国农村统计年鉴》；历年《全国农产品成本收益资料汇编》。

其二，从单位面积施肥量及单位施肥量粮食产量的变化关系角度进行分析。

1978～2016 年粮食产量与播种面积、单位面积施肥量及单位施肥量粮食产量关系，如图 2－4 所示。

从图 2－4 可以看出，1978～2016 年单位面积施肥量一路高涨，从 1978 年的 73.3 千克/公顷持续增加到 2016 年的 529.4千克/公顷，38 年间增长 7.22 倍，年均增长 5.34%。而与之形成对照的是，1978～2013 年单位化肥施用量的粮食产量却持续走低，与 1978 年的 34.48 相比，2016 年已持续跌落至 10.30，化肥的增产效应缩减至改革开放之初的 29.9%，近期化肥的边际增产效应明显变弱。

计算表明，1978～1989 年化肥施用量每增加一个百分点，粮食产量增加 0.198%，通过当期全国平均值的换算可得，增加化肥投入 1 千克，可增加 4.5 千克的粮食产量。"1990～2000 年，增加 1% 的化肥施用量会增加 0.177% 粮食产量，通过当期全国平均值的换算可得，增加化肥投入 1 千克，可增加 2.4 千克的粮食产量。"[1] 2001～2016 年，每增加 1 千克的化肥投入，相应的粮食产量只增加 2.0 千克。回归结果显示，随着时间推移，粮食产量对化肥的关联度逐渐下降。

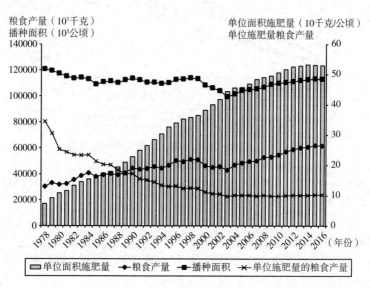

图 2 - 4　1978～2016 年粮食产量、播种面积及施肥量变化情况

资料来源：历年《中国统计年鉴》《中国农业年鉴》。

由此说明，目前我国化肥施用量已经较高，尤其是在一些高产地区，其增产作用已经较小，化肥投入对粮食产量的增产作用正逐渐下降，表现出明显的边际效益递减现象。

其三，从粮食产量增量和化肥施用量增量的角度进行分析。

---

① 高帆. 中国粮食安全的理论研究与实证分析 [M]. 上海：上海人民出版社，2005：118－122.

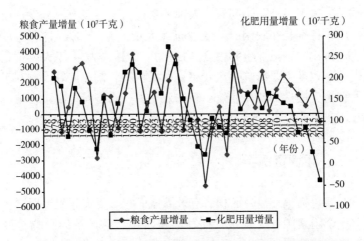

图 2 - 5 1978 ~ 2016 年粮食产量增量与化肥用量增量的关系

资料来源：历年《中国农村统计年鉴》。

图 2 - 5 显示，我国化肥施用量增量与粮食产量增量的年际波幅较高，并且二者波动步调基本同步。但是，化肥施用量增量均为正值，粮食产量增量年际间或正或负，即化肥施用量在基数很大的情况下再持续增加，粮食产量因其他因素影响并不一定总是增加。[①] 在粮食产量增幅较大的年份，化肥施用量的增加幅度也较大，如 1982 年、1988 ~ 1989 年、1995 年、2001 年、2004 年、2007 年和 2011 年，同时粮食产量同比减少的年份，化肥施用量的增加幅度明显减少，如 1984 ~ 1985 年、1991 年、1993 年、1997 年、1999 ~ 2000 年、2003 年、2013 年、2015 ~ 2016 年。

对于农业机械总动力，由图 2 - 3 可知，从 1978 年的 1.17 亿千瓦增加到 2016 年的 9.72 亿千瓦，增长 7.31 倍，我国粮食生产方式实现了人畜力为主向机械作业为主的历史性跨越。高度的农业

① 张中文. 我国粮食产量影响因素的实证分析 [J]. 湖南行政学院学报，2011 (3)：39 - 46.

机械化带来了另外一个问题，大部分农业机械并没有充分发挥应有的作用，特别是在农闲时节农业机械大量闲置。如回归模型显示，农业机械化程度虽然也和粮食产量相关，但影响力并不大，这是因为机械化程度主要影响生产效率，如播种和收割速度等，有利于完成人畜力无法达到的作业效率和作业质量，本身对提高粮食单产作用并不明显。

二、环境资源类

主要包括粮食播种面积、有效灌溉面积、受灾面积等因素。在以上三个因素中，无疑粮食播种面积对粮食总产量的影响是最大的。影响粮食播种面积的因素主要有耕地的机会成本、种粮成本收益之比、耕地总面积、耕地复种指数及国家农业政策等。

基于改革开放以来我国粮食生产的时间序列数据，可以看出粮食总产量与粮食播种面积呈明显的正相关（见图 2 - 6）。计量结果表明，粮食产量与粮食播种面积的相关系数是正值，为 0.352，相比预期值小一些，主要原因是 1978～1985 年粮食播种面积较大幅度减少，而同期粮总产量因家庭联产承包责任制的实施而大幅增加。若剔除此段时间内的制度优势所激发的粮食增产因素外，选用 1985～2012 年单独做相关分析，则相关系数为 0.536，若将粮食产量和粮食播种面积分区间计算相关系数，则更具说服力。例如，1985～1990 年二者的相关系数为 0.496，1991～1998 年为 0.519，1998～2003 年为 0.553，2004～2016 年则为 0.586，可见粮食播种面积为影响粮食总产量的主要因素之一。

图 2 - 6 描述了 1978～2016 年我国粮食播种面积及有效灌溉面积和成灾面积的变化情况。除 1978 年和 2003 年之外，其余年份粮食播种面积在 1 亿至 1.2 亿公顷之间，总体上呈现波动下降趋势。其中，下降最显著的时间段是 1998～2003 年，这几年播

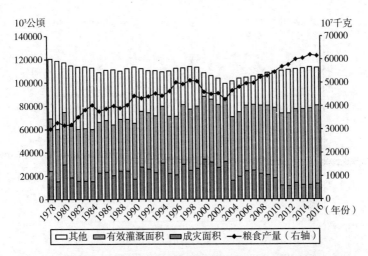

图 2 - 6 1978～2016 年粮食产量与有效灌溉面积、成灾面积变化情况

注：粮食播种面积 = 有效灌溉面积 + 成灾面积 + 其他。

种面积连年下降，与此相对应粮食产量也逐年下降，至 2003 年跌破 1 亿公顷，创下改革开放 40 年来种粮面积最低点，直接引致 2003 年粮食产量成为 1990 年以来的历史最低点。2004 年以来，随着国家对粮食生产和粮食安全的高度重视，国家加强了对耕地资源保护，经济建设占用耕地面积逐年降低，退耕还林和农业结构不断调整和优化，粮食播种面积稳中有升，粮食总产量实现"十二连增"。

历年统计数据说明，粮食产量往往随着播种面积的增减而同步增减，这从粮食播种面积增量与粮食产量增量的角度更能清晰体现出来（见图 2 - 7）。1978～2016 年，"粮食产量与种粮面积二者的增减态势呈现高度一致性，由此说明粮食播种面积的增减对粮食产量产生重要影响。"①

---

① 范东君. 粮食产量影响因素的实证分析与贡献率测算 ［J］. 湖南工业大学学报，2011（9）：55－61.

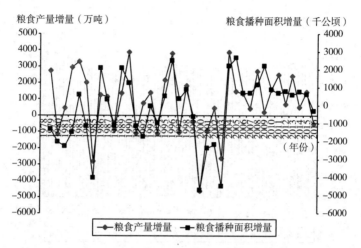

图 2 – 7　1978 ~ 2016 年我国粮食播种面积增量与产量增量关系
资料来源：国家统计局网站。

在我国工业化和城镇化加快推进过程中，工业化、城镇化建设"与粮争地"的矛盾将日趋强化，继续扩大粮食播种面积、大幅度增加粮食产量的难度越来越大。随着农业科技贡献率不断提高，优质品种和先进种植技术的采用，播种面积对粮食产量的影响程度在一定范围内逐渐减少。

对于有效灌溉面积，水利是农业经济的命脉，有效灌溉面积的增加无疑对粮食增产起到重要作用，占全国耕地面积 45% 的灌溉耕地上生产了占全国总量 75% 的粮食。1978 年以来，我国有效灌溉面积呈缓慢增长态势，2000 年以后增速明显减缓。我国每年有大量的已有有效灌溉耕地被退耕还林（草）、退耕还湖和建设用地占用，这样每年有效灌溉面积的新增量被其减少量所抵消，导致有效灌溉面积增加缓慢。同时，有效灌溉面积在粮食播种总面积中占一半左右，近年来已超过 50%，即有效灌溉面积对粮食增产作用已大部分体现在粮食播种面积这个因素中，因此在回归模型中剔除了有效灌溉面积因素。

对于成灾面积看似会对粮食产量产生显著影响，实则不然。众所周知，"自然灾害会直接影响到粮食产量丰产和歉收，但是水旱灾害对粮食产量的影响是不尽相同的。"[①] 从历年数据来看，旱灾对粮食产量的影响要大于水灾的影响。1996～2010年，水灾较重而旱灾较轻的年份中，粮食产量未必表现为减产，尤其是1998年全国长江、松花江等主要大江大河全流域遭遇百年不遇的特大洪水的情况下，当年粮食产量却比较高，为51230万吨，比上年增长3.67%。而1997年和2000年等水灾较轻旱灾严重的年份，在粮食播种面积没有大幅下降的情况下，粮食产量则出现了大幅减产，这两年粮食产量分别为49417万吨和46218万吨，分别比上年减少2.06%和9.09%。旱灾和水灾面积对粮食产量影响的相关系数，如表2-6所示。

表2-6　　　　　　　旱灾和水灾面积的相关系数矩阵

项　　目		受灾面积变化量	旱灾受灾面积变化量	水灾受灾面积变化量	成灾面积变化量	旱灾面积变化量	水灾成灾面积变化量
粮食产量变化量	Pearson相关系数	-0.688	-0.613	-0.098	-0.696	-0.596	-0.157
	显著性（双尾检验）	0.000	0.001	0.648	0.000	0.002	0.465
	样本数 N	24	24	24	24	24	24

表2-6显示，"粮食产量变化与旱灾受灾、成灾面积显著相关，其相关系数分别为-0.613和-0.596。相应地，与水灾受灾、成灾面积变化的相关系数并不显著。"[②] 由此可见，旱灾严重影响着我国的粮食生产，特别是连年干旱的频繁出现，不仅使粮食减产，甚至绝收。我国黄淮海地区、东北地区西部、西北地区、西南

---

①　谢亚轩. 粮价波动在于通胀预期：关于自然灾害、粮食价格和通胀的思考［R］. 招商证券，2010.8.9.

②　马文杰. 中国粮食综合生产能力研究［M］. 北京：科学出版社，2010：106.-107.

地区经常发生干旱，做好这些地区的抗旱工作对我国粮食生产意义重大。

三、政策因素类

农业政策体系主要有农业价格政策，如粮食价格指数、粮食生产成本指数等；农业支持政策，如农业财政支出、科技三项费用等；农业发展政策，如农村经济制度变迁等因素。"我国粮食产量的波动与农业政策的变更具有一致性，粮食收购价格、生产资料价格是政策体系中对粮食产量影响最大的因素，其次是农业支出占财政支出比重、组织制度变动和政府宏观调控。"[①]

农业生产资料使用量对粮食产量产生较大影响，增加农业生产资料投入可以提高粮食产量，但同时也会推动农业生产资料价格上涨。图2-8显示，1978~2016年我国粮食产量、生产成本指数、生产价格指数与零售价格指数，四者呈现很强的相关关系。粮食生产和工业品生产一样，粮农要根据投入与产出比来决定自己的种粮行为。当农业生产资料价格上涨或者粮食价格下跌时，粮农预期收益就会下降，理性粮农就会选择少种地或者减少对土地的投资，导致下一年粮食产量下降；反之，就会带动下一年粮食产量增加。

从粮食产量同比、生产价格同比与零售价格同比角度来看（见图2-9），粮食生产价格同比与零售价格同比基本同步变化，但粮食产量同比要滞后于二者。分析发现，当年粮食产量与上一年粮食零售价格指数及生产价格指数大于当年粮食产量与当年粮价指数的相关系数，这是由于粮农往往根据上年粮价情况来确定当年的粮食生产投入，即上年度粮食价格对农民种粮积极性的影响力要大于当年粮价的影响力。

---

① 高倩倩、邢秀凤、姚传进. 基于逐步回归分析的粮食产量影响因素研究 [J]. 当代经济，2010 (5)：145-147.

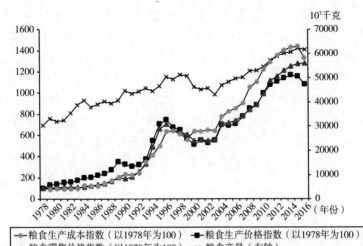

图 2 – 8　1978 ~ 2016 年粮食产量、生产成本指数、
生产价格指数与零售价格指数变化情况

资料来源：历年《中国农村统计年鉴》；历年《中国农产品价格调查年鉴》。

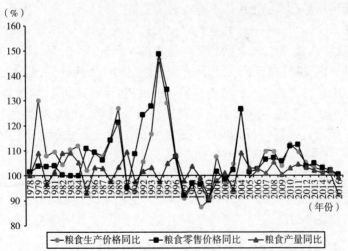

图 2 – 9　1978 ~ 2016 年粮食产量、生产价格与零售价格同比变化情况

资料来源：历年《中国农村统计年鉴》；历年《中国农产品价格调查年鉴》。

农业财政支出，主要通过财政支农资金来反映。财政支出对粮食产量产生影响，但影响程度并不大。这是由于财政对农业的投入，如水利建设、灌田改造等，在较长时期内才能发挥作用。同时，"财政科技三项费用对粮食的增产作用弱于财政总投入，这是因为科技费用发挥作用的周期比基础建设更长。"① 因此，合理安排财政预算与农业投入，不断加大财政支农力度，优化财政支农结构，重点增加对农业基础设施与农业科技的投入，充分发挥财政资金配置效率，将会增强农业发展后劲，为粮食稳产增产提供持久动力。

第三节　近年来我国粮食持续增产情况分析

党的十九大报告明确提出，"确保国家粮食安全，把中国人的饭碗牢牢端在自己手中""构建现代农业产业体系、生产体系、经营体系……实现小农户和现代农业发展有机衔接"。作为一个发展中农业大国，粮食安全问题始终是摆在我们面前的头等大事，是事关整个国民经济健康发展和社会和谐稳定的重大战略性、全局性问题。随着我国人口不断增加和城乡居民消费结构转型，居民口粮、饲料用粮、工业用粮总体上呈现较快增长态势，粮食结构性（品种、区域）矛盾凸显。同时，随着我国工业化、城镇化进程不断加快，受耕地资源匮乏及耕地流失、水资源短缺、气候条件以及强农惠农政策出现递减效应、农民种粮积极性有待提高等因素制约，促进粮食稳产增产、巩固和提升粮食产能的难度日益加大。全球粮食消费逐渐增加，国家市场粮源偏紧，国际粮价波动加剧，利用国

---

① 彭克强、鹿新华. 中国财政支农投入与粮食生产能力关系的实证分析 [J]. 农业技术经济，2010 (9)：18－29.

际市场调剂国内余缺的空间将越来越小。[①]为此，在新的世情、国情和粮情下，必须坚持粮食自给战略，立足保护和提高粮食综合生产能力，实现粮食有效供给，对于全面建成小康社会、实现"两个一百年"奋斗目标和中华民族伟大复兴的中国梦具有重要的现实意义和长远的经济意义。

一、我国粮食增产情况及主要特点

（一）粮食增产情况分析

2004 年以来，中央对粮食生产给予政策倾斜和财力支持，连续 15 年下发有关"三农"的中央"一号文件"，出台了实施粮食最低收购价和临时收储、取消农业税、增加种粮补贴等一系列强农惠农富农政策措施，大大调动了农民种粮积极性。我国粮食产量实现了半个世纪以来的首次"十四连丰"良好局面，也实现了粮食由长期短缺向产需基本平衡的历史性跨越，为我国经济安全奠定了坚实物质基础，也为世界粮食安全做出了突出贡献。下面从国内和国际两个视角来考察我国近年来粮食增产情况。

首先，从国内视角来考察。

从 2004 年起，我国粮食产量扭转了 1998～2003 年粮食产量连续下滑态势，2004 年粮食产量比上年增加 3877.4 万吨，增幅达 9.0%，是改革开放至今 30 多年来粮食产量增速最快的年份之一。2007 年后时隔 8 年粮食产量再次跃过 5000 亿千克大关，此后在 5000 亿千克的基础上连年增产。至 2013 年，粮食产量增速在 0.4%～9.0% 区间连续 10 年逐年波动上升。2016 年全国粮食产量达 61623.9 万吨，比上年增加 2393.8 万吨，增长 4.14%；比 2003 年增加 18554.4 万吨，增长 43.1%，13 年间年均增长 2.8%，创造

---

① 全国新增 1000 亿斤粮食生产能力规划（2009～2020 年）[R]. 中央政府门户网站，2009.11.3.

了我国粮食增产奇迹，如图 2 - 10 所示。

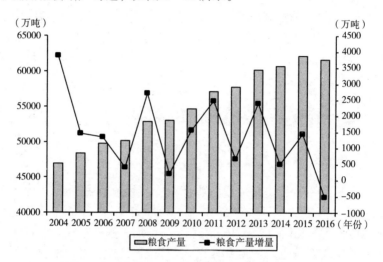

图 2 - 10　2004～2016 年我国粮食产量及增产情况

资料来源：根据历年《中国农业统计年鉴》有关数据绘制而成。

　　其次，从国际视角来考察。

　　由于世界各国自然资源禀赋不一而足，实施的农业政策也不尽相同，各国粮食生产发展道路也存在较大差异。1980～2016 年世界各主要国家谷物等粮食产量比较情况如表 2 - 7 所示。

表 2 - 7　　　　　　　1980～2016 年世界主要国家谷物产量情况

国　家		中国	美国	日本	德国	俄罗斯	法国	英国	加拿大	印度
总产量 （万吨）	1980	28028.7	26988.4	1319.1	3271.2	—	4802.4	1947.2	4136.4	14049.0
	2008	47997.8	40354.0	1215.1	5010.4	10641.8	7010.8	2428.2	5603.1	26756.6
	2010	49756.6	40170.4	1136.2	4441.2	5962.4	6567.6	2092.9	4541.2	23491.0
	2012	57800.0	35622.2	1172.8	4298.5	6876.6	6834.6	1951.4	5180.4	29334.4
	2014	58919.0	44284.4	1160.3	5200.9	10315.4	7257.9	2447.1	5153.5	29696.4
	2016	60292.0	47599.1	870.9	4536.4	11773.4	5465.6	2196.5	5523.9	29463.4

国　家		中国	美国	日本	德国	俄罗斯	法国	英国	加拿大	印度
每公顷 产量 （千克）	1980	2949	3772	4843	4228	—	4854	4944	2141	1350
	2008	5548	6620	6263	7119	2389	7289	7420	3387	2673
	2010	5521	6988	5852	6716	1844	7093	6957	3490	2537
	2012	5825	5912	6134	6965	1859	7255	6215	3458	2964
	2014	5892	7638	6081	8050	2444	7556	7697	3675	2970
	2016	6029	8143	4976	7182	2650	5687	7023	3908	2992
人均谷 物产量 （千克）	1980	285.6	1187.7	113.0	417.8	—	870.5	345.8	1681.9	200.7
	2008	362.3	1327.0	95.1	494.8	749.7	1089.1	395.5	1681.7	224.7
	2010	371.9	1297.9	89.1	543.0	420.1	1009.2	336.3	1330.7	188.5
	2012	363.0	1367.1	89.8	608.1	673.8	1082.1	349.7	1464.9	206.1
	2014	370.5	1559.1	88.9	735.8	1011.3	1149.1	438.5	1457.4	208.6
	2016	379.2	1830.7	66.8	641.8	1154.2	865.3	393.6	1562.2	207.0

资料来源：据世界银行官方网站相关数据计算整理。

从总产量来看。与 1980 年相比，2016 年美国、日本、德国、法国、英国、加拿大和印度等国的谷物产量增长分别为 76.4%、-33.9%、38.7%、13.8%、12.8%、33.5% 和 109.7%，表现出世界各国谷物产量增长率相差较大。而在此 36 年间我国谷物总产量增长 115.1%，年均增长 1.93%，产量增速显著快于上述世界主要国家。由此说明改革开放以来我国粮食产量增长速度很快，尤其是近年来我国粮食产量在基数很大的情况下连年增产，谷物等粮食生产已跨上新台阶。统计显示，自 1982 年起我国谷物等粮食产量超过美国跃居世界第一位，成为世界粮食安全的重要影响因素。这是我国改革开放以来在农村实行家庭联产承包责任制极大释放农民生产热情和极大解放生产力的结果。

从单位面积产量来看。在谷物等粮食增产中，我国重视科技投入并不断激发农民种粮积极性，单位面积产量大幅提高。与 1980

年相比，2016 年的每公顷谷物产量增加 104.4%，年递增率达 2.11%，超过增长较快的美国 2.07%、加拿大 1.64%、德国 1.55% 和法国 1.27% 的年均增速，大大快于同期日本的 0.63% 年均增速。同时注意到，尽管我国谷物产量增长率很快，但由于我国谷物基期产量基数低，目前单位面积产量与美国、德国、英国、法国等发达国家尚有一定差距，大约相差 20%。由此说明我国单位面积粮食产量有很大提升空间，若达到上述国家单产水平，我国粮食产量还可以增加 1.2 亿吨左右。

从人均粮食产量来看，2016 年我国人均谷物产量为 379.2 千克，比 1980 年的 285.6 千克增加 32.8%，同期我国人均粮食消费量从 1980 年的 327 千克增加到 2016 年的 409 千克，36 年间增加 25.1%。由此看出，人均粮食产量增速略高于同期人均粮食消费量。若把粮食中的豆类和薯类扣除，此间我国粮食产需基本处于紧平衡状态，随着我国畜牧业经济不断发展及饲料用粮将保持 3% 左右增速，这种状态长期内将可能更加趋紧。与世界主要国家相比，我国人均谷物产量高于日本和印度这些人口密度大的国家，与英国基本持平，略低于俄罗斯和德国水平，但与美国、法国、加拿大人均谷物产量是我国的 3 倍左右相比，差距甚大。因此，确保粮食稳产增产、不断巩固和提升粮食产能时刻不能放松，粮食安全问题依然是各级政府部门常抓不懈的一个重大问题。

这里需要指出的是，我国粮食产销区播种面积和产量明显不均衡、差距较大。以京津冀为例进行分析，河北省作为全国 13 个粮食主产区之一，粮食作物主要以小麦、玉米为主，2016 年粮食产量为 3460.2 万吨，约占全国粮食总产量的比重为 5.61%，人均粮食产量为 465 千克/人，略超全国平均水平。而北京、天津作为两个粮食主销区，粮食自给率明显不足，2016 年粮食播种面积分别仅为 131.0 万亩、536.0 万亩，占全国粮食播种面积的比重分别仅有 0.08%、0.32%，均在 0.5% 以下；粮食产量分别仅为 53.7 万吨、196.4 万吨，占全国粮食总产量的比重分别仅为 0.09%、

0.32%；人均粮食产量分别为 25 千克/人、126 千克/人，分别仅为全国平均水平的 5.6%、28.2%（见表 2 - 8）。

表 2 - 8　　2016 年京津冀粮食播种面积、产量及占比情况

类别		全国	北京市	天津市	河北省	京津冀合计（或平均）
粮食播种面积（万亩）	稻谷	45267	0.3	26.6	122.3	149.1
	小麦	36280.5	23.9	166.4	3470.9	3661.1
	玉米	55152	97.8	327.6	4786.7	5212.1
分别占全国三大主粮播种面积的比重（%）	稻谷	—	0.00	0.06	0.27	0.33
	小麦	—	0.07	0.46	9.57	10.09
	玉米	—	0.18	0.59	8.68	9.45
粮食产量	数量（万吨）	61625	53.7	196.4	3460.2	3710.3
	占比（%）	—	0.09	0.32	5.61	6.02
人均粮食产量	数量（千克/人）	447	25	126	465	331.1
	占比（%）	—	5.6	28.2	104	74.1

资料来源：根据《中国统计年鉴（2017）》有关数据整理而成。

（二）粮食增产的主要特点

从粮食增产情况来看，有以下主要特点。

一是粮食生产增长布局发生改变。南方省份和北方省份的粮食地位此降彼升，南余北缺的粮食生产格局发生改观。南方自给率下降，北方粮食自给率提高，粮食余缺由南粮北调逐渐转为北粮南调。由于人地矛盾的制约以及种粮比较收益较低的影响，东部沿海经济发达省份人多地少，粮食增长中心进一步"北上""西移"。以 2017 年为例，粮食产量超过 5000 万吨的省份为黑龙江、河南，分别达

6018.8 万吨、5973.4 万吨，合计占全国粮食总产量的比重达 19.4%，接近 20%；3000 万～5000 万吨的省份有吉林、河北、山东、江苏、安徽、四川，产量合计 22465.4 万吨，合计占比达 36.4%；而 1000 万吨以下的省份有北京、天津、上海、浙江、福建、海南、宁夏、青海、西藏，产量合计略超 2500 万吨，占比仅为 4.1%。

二是粮食主产区对粮食增产贡献较大。以 2010～2012 年为例，全国 13 个粮食主产省（区）粮食产量分别为 41185 万吨、43422 万吨、44610 万吨，占全国粮食总产量的比重分别达到 75.4%、76.0%、75.7%；分别比上年增产 1475 万吨、2238 万吨、1188 万吨，增幅分别为 3.7%、5.4%、2.7%，增产量分别占全国粮食总增产量的 94.6%、90.5%、64.7%。

三是农业结构调整和农业科技推广对粮食增产效果较为明显。从粮食生产情况比较来看，以 2010～2012 年为例，全国粮食播种面积分别为 10987.2 万公顷、11057 万公顷、11126.7 万公顷，分别比上年增长 0.8%、0.6%、0.6%，因播种面积增产粮食分别为 441 万吨、346 万吨、358 万吨，对当年粮食增产贡献率分别为 28.3%、14.2%、19.5%；因单产提高增产粮食分别为 1118 万吨、2127 万吨、1478 万吨，对当年粮食增产贡献率分别为 71.7%、85.8%、80.5%。

四是高产作物玉米对粮食增产贡献较大。以 2012 年为例，我国三大粮食品种（稻谷、小麦、玉米）产量达 53299 万吨，占全国粮食总产量比重达 90.4%，尤其是玉米产量超过稻谷产量 383 万吨，成为我国第一大粮食作物品种。从玉米生产情况来看，2010～2012 年我国玉米产量分别为 17724.5 万吨、19175 万吨、20812 万吨，分别比上年增加 1327.2 万吨、1450 万吨、1534 万吨，对当年粮食增产贡献率分别为 85.1%、58.6%、83.6%。

二、粮食持续稳定增产的潜在风险及挑战

近年来我国粮食生产取得可喜成绩和呈现良好态势，但也要看

到，当前我国粮食生产仍面临着耕地面积减少、水资源短缺、农民种粮比较收益偏低、农业基础设施建设较为滞后、农业科技贡献率亟待进一步提高等诸多制约因素，实现粮食产量持续稳定增产、巩固和提升粮食产能的难度越来越大。

（一）耕地面积、质量下降趋势尚未根本扭转

据《中国土地矿产海洋资源统计公报（2017年）》数据显示，截至2016年末，全国共有耕地20.24亿亩，比2010年减少520.95万亩；按照2016年末全国总人口数量138271万人计算，人均耕地面积约为1.46亩，比2010年减少3.3%。其中，2016年全国因建设占用、灾毁、生态退耕、农业结构调整等减少耕地面积517.5万亩，通过土地整治、农业结构调整等增加耕地面积402.15万亩，年内净减少耕地面积115.35万亩。一些地方农村土地抛荒现象较为严重，据对苏北某村土地利用情况调查，[①]该村121户人家，550口人，281个劳力中有150多人外出打工；全村600多亩耕地，有近100亩严重抛荒；500多亩的在田作物，大多是"粗放种植"，产量低下。另外，还有一些地区土壤遭受重金属污染、因煤炭开采导致土地塌陷等，亟须引起高度重视。"目前全国耕种土地面积的10%以上已受重金属污染，全国每年因重金属污染的粮食高达1200万吨，造成的直接经济损失超过200亿元；由于农药、化肥和工业导致的土壤污染，我国粮食每年因此减产100亿千克。"[②]另据媒体报道，山东含煤面积4.8万平方公里，约占全省面积的33%；全省共形成采煤塌陷地面积101.09万亩，采煤塌陷地重点地区集中在济宁、泰安、枣庄、菏泽4市，塌陷总量占全省采煤塌

---

① 胡昌方．农村土地抛荒现象不容忽视［N］．农民日报，2010.6.12.

② 孙彬等．全国耕地10%遭受重金属污染　东北黑土地或消失［N］．经济参考报，2012.6.11.

陷地的 86.77%，其中绝产面积占全省绝产总量的 95.79%。①

（二）水资源严重短缺，部分地区地下水超采严重

以京津冀为例进行分析，2016 年北京市、天津市、河北省水资源数量分别为 35.1 亿立方米、18.9 亿立方米、208.3 亿立方米，占全国水资源总量的比重分别仅为 0.11%、0.06%、0.64%，合计 0.81%，还未超过 1%。从人均水资源数量比较来看，北京市、天津市、河北省人均水资源数量分别为 161.5 立方米/人、121 立方米/人、278.8 立方米/人，分别仅为全国平均水平的 6.88%、5.15%、11.88%；从亩均水资源数量比较来看，北京市、天津市、河北省亩均水资源数量分别为 1081.8 立方米/亩、288.4 立方米/亩、213.0 立方米/亩，分别仅为全国平均水平的 67.44%、17.98%、13.28%（见表 2－9）。另外，河北省地下水超过采严重，截至 2013 年底已累计超采地下水 1500 亿立方米，占全国的1/3 左右，且农业是用水大户，2016 年全省农业用水 128 亿立方米，占全省用水总量的比重超过 70%。

表 2－9　　　　　　　2016 年京津冀水资源情况

类　别		水资源数量 （亿立方米）	2016 年末 人口数量 （万人）	人均水 资源量 （立方米/人）	耕地面积 （万亩）	亩均水 资源量 （立方米/亩）
水资源 数量	全国	32466.4	138271	2348	202381.4	1604.2
	北京市	35.1	2173	161.5	324.5	1081.8
	天津市	18.9	1562	121.0	655.4	288.4
	河北省	208.3	7470	278.8	9780.8	213.0
	京津冀合计	262.3	11205	234.1	10760.6	243.8

---

① 张煜晴. 山东采煤塌陷地面积超百万亩 济宁泰安枣庄最严重 [N]. 齐鲁网，2016.9.26.

类　别		水资源数量 （亿立方米）	2016年末 人口数量 （万人）	人均水 资源量 （立方米/人）	耕地面积 （万亩）	亩均水 资源量 （立方米/亩）
占全国 的比重 （%）	北京市	0.11	1.57	6.88	0.16	67.44
	天津市	0.06	1.13	5.15	0.32	17.98
	河北省	0.64	5.4	11.88	4.83	13.28
	京津冀合计	0.81	8.1	9.97	5.32	15.19

资料来源：根据《中国统计年鉴（2017）》有关数据整理而成。

（三）农民种粮比较收益仍明显偏低

2003年以来，我国粮食生产成本呈现逐年刚性增长态势，许多地方化肥、农药、种子、柴油等农业生产资料价格上涨较快，农村雇工成本已有十几年前的30~40元/天上升到目前的200多元。以2011年产粮大省黑龙江为例，[①] 2011年黑龙江省水稻、玉米、大豆农业生产物质费用分别为509.4元、281.7元、171.7元，分别比2007年增长74.1%、60.5%、22.6%；三种粮食农业生产务工费用分别为231.1元、115.4元、99.1元，分别比2007年增长152.8%、77.5%、215.7%。种粮成本的快速攀升，在一定程度上影响着农民种粮效益的提高，加之农业落后的生产方式与强大的劳动强度致使新生代农民对务农种粮积极性不高，导致一些地区出现粮食生产口粮化、兼业化势头，留在农村种田大多是老人、妇女和儿童。

不容否认，在一系列强农惠农支农政策措施作用下，近年来农民收入增长较快，2017年达13432元，比上年增加1069元，增长8.6%；比2008年增加8671元，增长1.82倍。但同时也要看到，

---

① 陈洪义等．粮食生产成本逐年刚性增长如何提高种植收益［N］．黑龙江日报，2012.3.8.

随着我国工业化、城镇化进程不断加快，由农业转移到非农产业和城镇就业的农民工数量增长较快。据国家统计局对全国农民工监测调查显示，2017 年全国农民工总量达 28652 万人，比上年增加 481 万人，增长 1.7%；比 2008 年增加 6110 万人，增长 27.1%。近年来，农民收入绝对水平、相对水平与农民工相比差距呈现出先拉大后缩小的趋势，农民工收入与农民收入之比由 2008 年的 3.38 倍扩大到 2011 年的 3.52 倍，之后逐年将至 2017 的 3.19 倍；2017 年农民人均纯收入比 2008 年增长 160.1%，但仍落后于农民工收入增速 15.5 个百分点，如表 2 - 10 所示。

表 2 - 10　　　　　　我国农民工、普通农民收入情况比较

年　份	农民工年均收入（元）(1)				全国农村居民家庭人均纯收入（元）(2)	(1)/(2)(%)
	全国	东部	中部	西部		
2008	16080	16224	15300	15276	4761	3.38
2009	17004	17064	16200	16536	5153	3.30
2010	20280	20352	19584	19716	5919	3.43
2011	24588	24636	24072	23880	6977	3.52
2012	27480	27432	27084	26712	7917	3.47
2013	31308	32316	30408	30612	8896	3.52
2014	34368	35592	33132	33564	9892	3.47
2015	36864	38556	35016	35568	10772	3.42
2016	39300	41448	37584	37404	12363	3.18
2017	41820	44124	39972	40200	13432	3.11
2017 年比2008 年增长	160.1%	172.0%	161.3%	163.2%	182.1%	—

资料来源：根据国家统计局历年《农民工监测调查报告》《中国统计年鉴》有关数据整理而成。

（四）农业基础设施建设较为滞后

目前，我国约有 14 亿亩中低产田，占全国耕地总面积的比重超过 70%；2016 年全国耕地灌溉面积为 6714.9 万公顷，还不及全国耕地总面积 13492.10 万公顷的 50%，也就是说，有超过半数的耕地缺少灌溉水源或灌排设施，相当一部分农田水利设施年久失修、老化严重，灌排成本偏高、效率低下。加之一些农村地区田间道路投资建设不足、配套设施不健全，农田机耕道建设标准偏低、重建设轻管护，农田遭遇洪涝、干旱灾害时有发生。据统计，2016 年全国农作物受灾面积达 2622 万公顷，其中农作物遭受水灾、旱灾面积分别达 853 万公顷、987 万公顷；全国农作物成灾面积达 1367 万公顷，成灾面积占受灾面积的比重达 52.1%。

（五）农户储粮受技术装备简陋、虫害霉变等影响造成大量粮食损失

在粮食生产、储存、加工、运输、消费等各个环节，不同程度地存在损失浪费现象。据《"十二五"农户科学储粮专项建设规划》称，全国农户储粮损失率平均为 8% 左右，每年损失粮食约 200 亿千克，相当于 6160 万亩良田粮食产量。其中，分品种来看，小麦、玉米、稻谷平均损失率分别约为 4.7%、11%、6.5%；分地区来看，东北地区、西北地区、长江中下游地区、黄淮海地区农户储粮损失分别约为 10.2%、8.8%、7.4%、5%；从造成农户储粮损失原因比较来看，因鼠害、霉变、虫害造成的损失分别约占总损失量的 49%、30%、21%。按照《粮食行业"十三五"发展规划纲要》目标要求，到 2020 年，每年减少粮食产后流通环节损失浪费 1300 万吨以上，损失浪费率下降 40% 以上。

第三章

粮食价格波动：生产成本视角

成本是价格形成的基础，粮食生产成本是影响粮食价格形成和生产能力的重要因素之一。回顾 1978 年以来我国主要粮食品种生产成本的变化情况，探究近年来我国粮食生产成本的总体特征、变动成因、未来走势，为如何降低种粮成本、改善粮食生产条件等提供有益的政策建议，具有重要的理论与现实意义。

第一节　粮食生产成本变化情况

改革开放以来我国粮食亩均生产成本不断上涨，2003 年以来又呈现出新的变化和特征，下面对主要粮食品种平均生产成本变动情况、分品种与分产区生产成本变动情况及特征进行分析。

一、总体情况

（一）1978 年以来种粮成本变化情况

在我国，主要粮食作物为水稻、小麦、玉米、大豆、谷子和高粱等 6 种，其中稻谷、小麦、玉米 3 种主要粮食作物的产量之和占我国粮食总产量的 86% 以上。限于早期资料中没有 3 种主要粮食汇总情况，因此，我们只能分析 1978 ~ 1997 年 6 种粮食成本变化情况，1998 年后为 3 种主要粮食的生产成本数据。我们将 1978 年作为基期，以 1997 年为比较期。由于 1998 年采用了新的调查表，其人工成本和土地成本构成与以往年度不同。改革开放以来主要粮食品种每亩和每百千克生产总成本变化情况和变化趋势如表 3 - 1 和图 3 - 1 所示。

表 3 - 1　　　　　　我国主要粮食品种生产成本变化情况　　　　单位：元

年份	每亩生产成本	每百千克生产成本	年份	每亩生产成本	每百千克生产成本
1978	44.02	21.16	1999	248.42	85.98
1980	41.48	19.82	2000	282.08	84.64
1983	43.73	17.38	2001	280.52	81.34
1984	53.96	20.72	2002	286.40	75.16
1985	53.70	21.00	2003	283.67	78.00
1986	54.33	20.58	2004	341.38	81.58
1987	65.48	29.29	2005	363.00	89.30
1988	74.97	30.74	2006	376.65	90.40
1989	90.95	35.62	2007	399.42	94.50
1990	101.35	36.00	2008	462.80	103.26
1991	100.50	39.62	2009	485.79	111.92
1992	110.25	41.50	2010	539.39	124.42
1993	151.77	43.4	2011	641.42	142.38
1994	184.13	60.66	2012	770.40	167.82
1995	219.68	81.04	2013	844.59	187.27
1996	280.56	94.18	2014	864.58	180.34
1997	281.69	94.18	2015	872.28	182.64
1998	270.67	88.86	2016	871.04	186.41

资料来源：历年《全国农产品成本收益资料汇编》；历年《改革开放三十年农业统计资料汇编（1978 ~ 2007 年)》；历年《新中国五十年农业统计资料（1949 ~ 1999 年)》；历年《中国农村统计年鉴》。

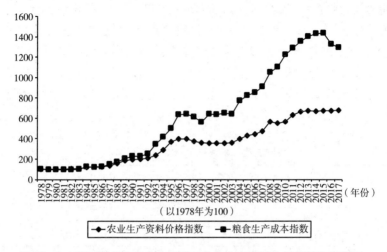

图 3 - 1　我国粮食生产成本指数、农业生产资料价格指数变化情况
资料来源：据历年《中国农业年鉴》有关数据绘制而成。

由表 3 - 1 不难看出，1978 年以来我国主要粮食品种亩均生产成本不断攀升，2016 年三种主要粮食品种平均亩成本是 871.04元，是 1978 年的 19.79 倍，平均逐年递增率为 8.17%。由于在分析改革开放 40 年来粮食成本变化时，若使用每亩成本的相关数据，其可比性要受到亩产增长的影响，而使用单位产量粮食生产成本数据，能更准确地反映多年来生产成本的实际变化趋势。数据显示，2016 年主要粮食品种每百千克生产成本是 186.41 元，是 1978 年的 8.81 倍，平均逐年递增率为 5.89%，比亩均年递增率减少2.28%，表明粮食生产成本的提高一部分被单产的提高所消化了。数据显示，除了 1980 年、1985 年、1991 年、1998 年、1999 年和2001 年 6 年粮食生产成本比上年略有下降外，其余年份粮食生产成本均在增长，特别是 1987 年以来，粮食生产成本的增长已经持续 20 余年，唯有 1998 年再次出现生产成本下滑。因此，可以说从长期看，粮食生产成本上涨是带有趋势性的。

从图 3 - 1 可以看出，自 1978 年以来，主要粮食品种生产成本指数与农业生产资料价格指数曲线呈现同步增长趋势，二者在1992年之前比较接近，说明这段时间内农业生产资料占粮食生产成本较大比重。1992年后，粮食生产成本指数和农业生产资料价格指数曲线逐渐分离并拉开距离，表明农业生产资料占粮食生产成本比重逐渐下降，而非生产资料成本（如人工成本）所占比重有所增加。2003年以来，主要粮食品种亩均生产成本进入新一轮明显上升时期，且呈加速趋势。2016年三种粮食亩均总成本达到871.04元，与上年基本持平，是2003年的3.07倍，13年间年均递增率为1.93%，表明农业税取消后并未阻止主要粮食品种生产成本的快速上涨趋势。仅2004年粮食单位生产成本略有下降外，其余年份均出现明显上涨。

分析发现，1978年以来，单位生产成本的粮食产量水平呈现长期下降态势，而单位活劳动日平均产量则呈现长期上升趋势。单位生产成本的粮食产量自1978年的4.36千克/元降至2010年的0.64千克/元，年均降幅为8.67%；单位活劳动日产量自1978年的5.06千克/日增加至2010年的47.8千克/日，年均增长10.3%。上述情况除说明货币购买力逐步减弱外，也说明目前粮食生产已经进入比较收益偏低的阶段，边际物质投入的增产效应逐渐减弱。其主要原因是，增加土地生产率的物质费用投入过多，而活劳动日投入由于机械化水平不断提高而相对不足。这也从一个侧面证明，物质费用过多是影响粮食生产成本上升的主要因素。

值得指出的是，尽管粮食生产成本的主要项目实际费用都在增加，但是一些物质的使用量在减少。例如种子用量，1978年每亩为8.2千克，而2010年为6.61千克，后者仅为前者的80.6%。又如每亩用工量，从1978年的28.6个，减少为2010年的6.93个，减少了75.8%。只是劳动日工价由1978年的0.8元升为2010年的31.3元，才使得亩均人工成本上升。畜力费从1978年每亩占物质与服务费用的9.98%，降为2010的2.93%。

（二）2003 年以来粮食生产成本变化的新情况

改革开放以来我国粮食生产成本不断上涨，随着农业税逐步取消和一系列强农惠农富农政策的实施，2003 年以来种粮成本又呈现出新的变化和特征。种粮成本变化体现在主要粮食品种平均生产成本变化和分品种生产成本变化。2003～2016 年三种主要粮食品种生产成本变化情况，如图 3-2 所示。

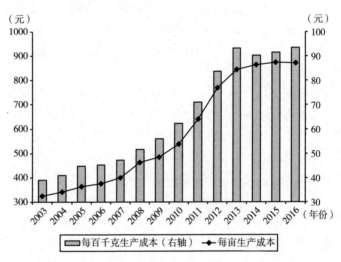

图 3-2　2003～2016 年三种主要粮食品种生产成本变化情况
资料来源：据历年《全国农产品生产成本收益资料汇编》有关数据绘制而成。

从图 3-2 可以看出，第一，从亩均生产成本来看，2003 年以来我国主要粮食品种亩均生产成本不断攀升，2016 年三种主要粮食品种平均亩成本是 871.35 元，分别比 2003 年、2010 年增长1.69 倍、79.4%；第二，从单位粮食产量生产成本来看，2016 年三种主要粮食品种平均每百斤生产成本为 93.20 元，分别比 2003年、2010 年增长 1.39 倍和 49.8%。

二、分品种变化情况

如前所述，改革开放以来三种主要粮食平均生产成本不断上升，这其中，分品种看每种粮食生产成本变化又呈现出不同特点。图 3 - 3 和图 3 - 4 分别从每亩和每 50 千克来分品种考察三种主要粮食生产成本变化情况。为了避免图例区标示数据篇幅不够，图 3 - 3 和图 3 - 4 分别以标出的稻谷和小麦生产成本数据为例。

如图 3 - 3 所示，从每亩生产成本来看，1978 ~ 2014 年稻谷、小麦、玉米三种主要粮食作物总体上呈现明显上升趋势。其中，稻谷的每亩生产成本最高，上涨速度基本与小麦、玉米同步；小麦与玉米的每亩生产成本相差无几，变化态势也基本一致。粮食亩均生产成本增长最快的是 1993 ~ 1996 年，从 1993 年的 194.21 元飙升到 1996 年的 417.21 元，三年间增长了 223.00 元，占粮食总成本增长额的 53.5%。除此之外，其他年份大多变化缓慢。

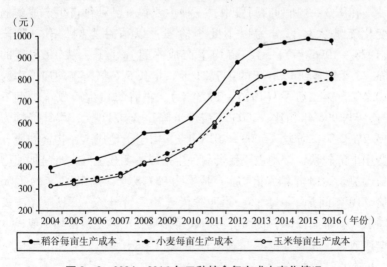

图 3 - 3　2004 ~ 2016 年三种粮食每亩成本变化情况

资料来源：据历年《全国农产品生产成本收益资料汇编》绘制而成。

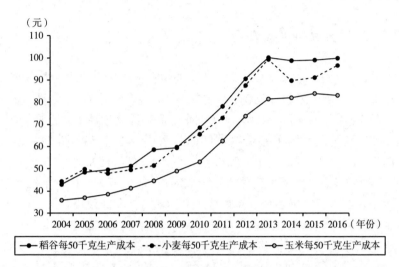

图 3 - 4 2004 ~ 2016 年三种主粮每 50 千克生产成本变化情况

资料来源：据历年《全国农产品生产成本收益资料汇编》绘制而成。

在图 3 - 3 所列时间段中，三种主要粮食品种每亩生产成本的变化态势大体可分为以下几个阶段：以稻谷为例，第一阶段（1978 ~ 1996 年），稻谷亩均生产成本迅速上升，从 1978 年的 63. 26 元攀升到 1996 年的 417. 21 元，增长 5. 6 倍，年均递增率为 10. 4%。第二阶段（1996 ~ 2003 年），稻谷每亩生产成本徘徊下行，与 1996 年相比，2003 年缓慢下降至 360. 11 元，累计降幅为 13. 7%。第三阶段（2003 ~ 2013 年），由于土地成本、物资和服务费用上涨较快，带动主要粮食品种生产成本明显上升，且呈加速增长趋势。2013 年稻谷亩均生产成本为 957. 8 元，是 2003 年的 2. 66 倍，10 年间翻了一番多。第四阶段（2013 年至今），我国经济发展进入新常态以来，受经济增速放缓影响，三种主粮亩均生成成本增速放缓，尤其是玉米受调减种植面积影响，2016 年玉米每亩生产成本首次出现下降。

与图 3 - 3 相比，图 3 - 4 的变化态势略有不同。由于随着农业科技贡献不断提高，粮食单产水平的不断提高消化了部分生产成本，因此每50千克生产成本的上升趋势比每亩生产成本要平缓一些。以小麦为例，小麦每50千克生产成本从2004年的44.23元逐年快速上升到2016年的96.66元，12年间增长1.18倍，年均增长6.7%。此外，2004年之前稻谷每50千克生产成本一直低于小麦，且在1996~2003年有扩大趋势，此后二者差距迅速缩小，至2006年后前者小幅反超后者；玉米每50千克生产成本始终低于稻谷和小麦。

2004年以来三种主要粮食生产成本均不断上升，每种粮食生产成本的变化情况又呈现出各自特点。

第一，从每亩生产成本来看，2004~2016年稻谷、小麦、玉米三种主要粮食作物成本总体上呈现明显上升趋势。其中，稻谷每亩生产成本最高，上涨速度基本与小麦、玉米同步；小麦与玉米的每亩生产成本相差无几，变化态势也基本一致。2012年稻谷亩均生产成本达880.13元，与2003年360.1元相比，9年间翻了一番多，年均增长10.44%。

第二，从每50千克生产成本来看，与亩均生产成本变化相比略有不同。总体上看，2003~2012年每50千克生产成本的上涨趋势比每亩生产成本平缓一些，其中2006年稻谷每50千克生产成本，首次超过小麦并继续保持这种态势。2012年玉米每50千克生产成本增至73.6元，是2003年38.25元的1.92倍，9年间年均增长7.54%，在三个品种中最低。而此间稻谷每50千克生产成本的增长态势快于小麦和玉米，年均增长达8.1%。

三、分主产区变动情况

近年来，我国各粮食主产区生产成本存在较大的地区性差异。下面以2010年为例进行分析。

就稻谷而言。首先，亩均生产成本情况。在全国9个稻谷产区中，浙江、安徽、湖南、海南四省早籼稻每亩生产成本均明显低于全国平均水平，其中浙江省生产成本最低，为491.52元；广西早籼稻生产成本最高，为699.73元，二者差值为前者的42.4%。与早籼稻情况类似，就单位面积而言，海南省晚籼稻生产成本最低，为512.64元/亩，江西省生产成本以541.68元/亩次之，福建省生产成本最高，为670.07元/亩，比海南省亩均生产成本高出157.43元。造成上述情况的主要原因是，各省稻谷生产的成本构成存在较大差异。从生产成本构成上，海南省亩均晚籼稻的物质与服务费用最少，生产中用工工价也较低，用工费用支出方面的优势明显，人工投入仅低于江西省。

其次，单位产量生产成本情况。以晚籼稻为例，安徽、浙江、江西三省生产成本较低，其中安徽省生产成本最低，比全国平均水平低9.73元/50千克。这三省在单位产量生产成本上的优势，主要是由于它们的晚籼稻单产水平较高与单位面积生产成本较低共同作用的结果。与单位面积生产成本反差较大的是，海南省晚籼稻亩均生产成本最低，而单位产量生产成本海南省则以114.85元/50千克居全国最高，这主要是由单产水平过低所致。

就小麦而言，在全国15个产区中，黑龙江、湖北、云南三省亩均生产成本较低，位于全国前三名，而内蒙古、甘肃、宁夏三省（区）则较高。其中，黑龙江亩均生产总成本最低，为450.82元，内蒙古最高，为830.40元，二者相比，亩均生产成本相差几近一倍。数据表明，这主要是由黑龙江省每亩小麦生产的化肥投入和租赁作业费较少所致。

就玉米而言，在全国20个产区中，安徽、江苏、黑龙江、山东四省亩均生产成本明显低于全国平均水平，具有较大优势，而甘肃、云南、重庆三省（市）亩均生产成本较高。其中，与亩均生产成本最低的安徽省507.38元相比，甘肃省以1027.90元居全国最高，二者相差一倍。数据表明，这主要是由两省在玉米生产中的每亩活劳动投入、肥料费、租赁作业费的较大差距所致。

第二节　粮食生产成本变动原因分析

影响粮食生产成本变化的因素纷繁复杂，既与当前国情、农情和粮情有关，也与国家支农强农惠农政策有关；既与务农、务工、经商的比较收益有关，也与"新四化"同步发展进程有关；既与粮食生产总成本构成的具体变化有关，也与农业科技发展水平有关。下面把这些因素从直接原因和间接原因两方面予以分析。

一、直接原因

从长期看，粮食价格水平的高低是由生产粮食的平均成本决定的。粮食生产总成本由生产成本和土地成本构成，而前者又由物质与服务费用、人工成本构成。其中物质与服务费用是指粮食生产过程中消耗的各种生产资料价值和提供的各种生产服务费用。如种子费、肥料费、农药费、排灌费、机械作业费、固定资产折旧、小农具购置及技术服务等费用。人工成本指用指粮食生产过程中消耗的活劳动费用。其中，物质与服务费用是构成粮食生产成本的主要部分，而粮食生产资料成本又在物质与服务费用中占很大比重。因此，粮食投入要素价格波动必然使粮食生产成本发生变动，从而引起粮食价格出现相应的波动。

（一）物质与服务费用快速增长

从化肥农药费用看，在单位质量粮食生产成本中，我国的化肥农药费用水平是世界上最高的国家之一。我国粮食单产较高，仍然依靠的是高成本、高投入、高产出的传统模式。由于化肥、农药的增产效应较高，其大量使用及其价格的不断攀升，直接导致占总成本比例最高的物质与服务费用明显上涨。从机械费用看，"我国粮食生产的机械费用水平总体上处于世界中等水平"。^① 尽管我国的农业机械水平总体上较低，但是单位粮食生产的机械费用却不低，且近年来有加速增长的态势。

从图 3-5 可以看出，1978～2016 年物质与服务费用是粮食生产总成本构成的主体，其变化态势与生产总成本的变化态势基本一致。1978 年物质与服务费用为每亩 29.36 元，占生产总成本的50.4%；2016 年为 429.57 元，占生产总成本的 39.3%，其比重略有降低的同时，比 1978 年增长了 13.63 倍，年均增长 7.3%。物质与服务费用对粮食生产总成本增长的贡献率为 46.3%，表明其与生产总成本的变化大体相当。从分项具体比较来看，1978～2016 年亩均机械作业费、化肥费、农药费、种子费分别上涨 169.99 倍、18.21 倍、30.10 倍和 20.38 倍，各自增量分别占物质与服务费用

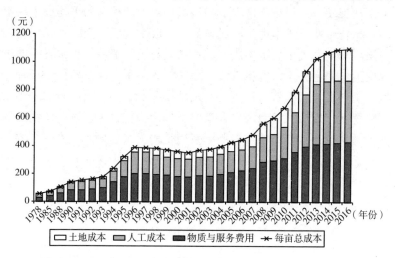

图 3-5　1978～2016 年三种主要粮食亩均生产总成本变化情况

资料来源：据历年《全国农产品生产成本收益资料汇编》有关数据绘制而成。

---

① 江东坡. 贸易自由化进程中的中国粮食安全研究 [D]. 西北农林科技大学硕士学位论文，2000.

增量的 33.0%、28.4%、6.7% 和 13.44%（见表 3 - 2）。可见，化肥费、机械作业费是推动物质与服务费用上涨的主要因素，也是推动粮食生产总成本上升的重要因素。

表 3 - 2　　1978 和 2016 年每亩物质费用主要项目变化情况　　单位：元

年份	种子费	化肥费	农药费	机械作业费	排灌费	物质与服务费用总计
1978	2.98	7.08	0.84	0.84	1.12	29.36
2016	60.73	128.93	29.48	142.79	23.72	429.57

资料来源：《全国农产品成本收益资料汇编》（2006 年和 2017 年）。

（二）活劳动成本平稳增长

我国人口众多，劳动力资源丰富，劳动力使用的机会成本比发达国家要低。然而，实际情况是，我国粮食生产成本中活劳动所占比重却相当大，人工成本在粮食亩均总成本中所占比重仅低于物质与服务费用。1978 年以来，人工成本所占粮食生产总成本比重1978 年为 45.7%，至 2011 年为 35.8%，再回升至 2016 年的40.4%，尽管人工成本所占比重呈现先降低再升高态势，但统计数据显示，在每亩用工数量中，用工数量在逐步减少，从 2011 年亩均用工数量 6.79 日逐年递减至 2016 年的 5.31 日。虽然活劳动成本因机械化水平的不断提高而所占比重有所降低，但亩均人工成本因劳动日工价的快速提升而稳步增长。与 1978 年亩均人工成本26.64 元相比，2016 年增至 441.78 元，比前者增长 15.58 倍，比物质与服务费用及土地成本增长稍缓，呈现出平稳上涨态势。其中增长最快的年份是 1993 ~ 1996 年，从 64.78 元上涨到 152.29 元，3 年间上涨 135%，其他年份变化稍缓。1978 ~ 2016 年，三种主要粮食亩均人工成本增量占亩均总成本增量的 35.0%，也是推动粮食生产总成本上升的重要因素。

从三种主要粮食的用工结构来看，家庭用工是活劳动投入的主要来源。随着劳动力使用的机会成本越来越高，家庭用工折价和雇工工价均呈现明显上升趋势。自 1998 年开始统计雇工工价以来，2016 年雇工工价为 114.31 元/日，是 1998 年 18.43 元/日的 6.2 倍，年均增长 10.7%，快于同期家庭劳动日工价。从近年来的情况看，"2003 年农民工月均工资仅 700 元左右，2016 年农民工月均工资达 3275 元，增长 3.68 倍。过去农村剩余劳动力多，农业用工价格低于外出务工价格，现今农村劳动力减少，加之农业用工季节性强和用工时间短，其用工日价比一般务工高，农忙季节务农报酬往往数倍于务工工资。"① 过去农民将自己的劳动不计入成本，如今随着我国工业化、城镇化加快推进，农民外出打工机会增多，农民种粮的机会成本明显增加，隐性成本变成显性成本。

如前所述，生产成本高主要是由于活劳动费用太高所致。这就意味着，"若粮食生产规模不扩大，机械化水平不提高，活劳动投入将难以减少，而单位粮食的活劳动投入成本将不断上升，这在短时间内是难以逆转的增长趋势"。② 同时，因劳动力工资随着经济发展而不断上升，而劳动力数量减少慢于劳动力工资增长，致使这一趋势将会进一步加剧。由于我国现阶段土地规模限制了机械化水平的提高，这一局面将在相当长的时期内难以改变。"在活劳动投入与机械化投入的相互取代过程中，劳动力数量多的优势实际上已经变成了我国土地密集型粮食生产成本高的主要原因之一。"③ 一般来说，我国活劳动投入的优势，唯有在机械难以代替人工的农产品生产中才能充分体现出来，如畜产品、蔬菜、水果等。

---

① 孙梅君、李平. 我国农业步入高成本阶段 [N]. 中国信息报，2008.9.16.

② 黄季焜、马恒运. 为什么我国农产品的国际竞争力存在较大差别 [J]. 现代农业，2012 (5)：141.

③ 郭玮、方松海. 粮食市场调控应促进粮食价格稳定上涨 [N]. 农民日报，2011.12.19.

（三）土地成本增长最快

我国是一个土地资源稀缺的国家，人均耕地 1.46 亩左右，仅为世界人均耕地的 40% 左右，伴随着工业化、城镇化加快推进将可能占用大量耕地，耕地保护形势非常严峻。随着土地流转机制与市场发育不断完善，我国粮食生产中的土地机会成本将持续上升，这是难以逆转的趋势。

1978～2016 年，在粮食生产总成本构成要素的动态变化中，"土地成本的增长速度最快"，[1] 致使二者的结构发生了较大变化（见图 3-6）。1978 年生产总成本与土地成本之比为 58.23∶2.23，土地成本所占比重很小，但 1997 年后土地成本迅速增长，尤其是1998 年，从上一年度的 30.48 元/亩攀升到 52.22 元/亩，一年间增长 71.3%。究其原因，1998 年修订的《土地管理法》允许农户

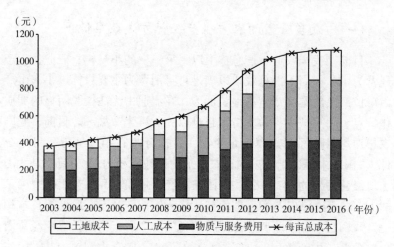

图 3-6　2003～2016 年三种主要粮食亩均生产成本构成变化情况

资料来源：根据相关年份《全国农产品生产成本收益资料汇编》有关数据绘制而成。

---

① 黄汉权、钟真. 近年来我国种粮成本与收益研究 [N]. 粮油市场报，2010.7.3.

承包地有偿流转，加速了农地的有偿流转，农地产权的有法可依推动了农地市场的形成，农地价值得以承认和体现。2003 年粮食生产总成本与土地成本之比为 377.03∶52.73，土地成本所占比重较小，2016 年二者之比变为 1094.05∶222.7；与 1978 年占总成本比重 3.8%相比，2016 年这一数值达到 20.4%，比重增加了 4.36 倍；与 2003 年占总成本比重 14.0%相比，2016 年比重增加了 6.4 个百分点。另据测算结果显示，1978～2016 年土地成本对稻谷、小麦、玉米亩均生产总成本增长的贡献率分别为 21.4%、17.36%和 21.6%，2003～2016 年其贡献率分别为 19.2%、20.8%和 26.5%，这直接印证了快速增长的土地成本是粮食生产总成本上升的重要推手。

二、间接原因

（一）众多分散的农户生产经营方式效率低下

目前，我国农业生产总体上以一家一户的小规模、兼业化生产经营为主，相当一部分农户以满足自身消费为主要目标。小农生产因单位产品成本高，贸易地位低下，在流通中无法摆脱明显的弱质化特点，一旦缺少外力支持，将难以完成再生产循环。目前，我国农户户均耕地经营规模不足 8 亩，且被分割在不同地方。另据统计，"国外中等以上收入国家农户平均耕地面积为 1147 亩，是我国土地经营规模的近 150 倍。我国农业经营规模也只相当于欧盟国家的 1/40、美国的 1/400，即使与自然条件特殊、人多地少的日本相比，我国也只相当于其耕地经营面积的 1/2。"[1] 小规模农户经营因太过分散，生产效率低下，阻碍技术进步，缺乏大规模公共设施建设能力，抗风险能力差。

---

① 徐宏峰. 基于新农村建设农业规模经营可复制式探讨［J］. 安徽农业科学, 2007（12）：46–52.

（二）粮食生产中水有效利用率偏低，化肥、农药过度施用现象比较严重

对于种粮灌溉用水，因灌溉技术及节水灌溉普及率的制约，我国大部分灌区的水有效利用率仅为40%，而发达国家已达80%，也就是说，有一半以上的水白白浪费掉了；化肥、农药浪费现象更为严重，真正能对农作物产生作用的只有10%~30%。[①] 一方面，我国化肥利用率与发达国家相比普遍较低（见图3-7）。"氮肥利用率为18%~45%；磷肥为12.5%~30%；钾肥为30%~50%，仅为发达国家的60%左右。"[②]

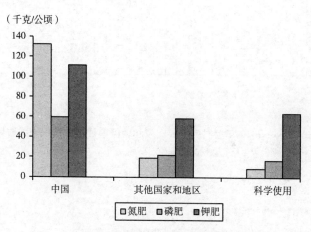

图 3-7 国内外化肥施用量情况比较

资料来源：FAO；美国高盛公司。

另一方面，与发达国家相比，我国化肥、农药施用过度现象明

---

① 李宁. 我国粮食生产成本变化的总趋势及其规律分析 ［J］. 价格理论与实践，2008（9）：46-47.

② 中央农林专业委员会. 搭建3G信息化平台 创新基层农技推广体系 ［J］. 中国农村科技，2012（7）：38-43.

显。目前，我国化肥年施用量 4000 万吨以上，且总体上呈逐年增加趋势，农药年使用量百万吨以上，并且我国不同类型化肥的使用比例非常不合理，远远高出世界各主要国家单位播种面积的化肥施用量（见图 3－8），已经大大超过了亩均耕地的科学施肥量。由此说明，我国粮食增产严重依赖于化肥的过量施用。

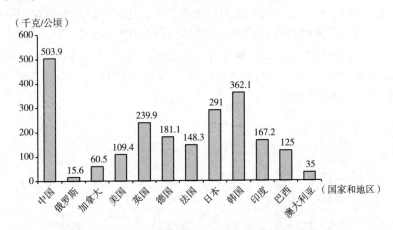

（千克/公顷）

图 3－8　2008～2016 年世界各主要国家和地区单位播种面积施肥量比较
资料来源：据世界银行官方网站数据绘制而成。

（三）农业科技贡献率亟待大幅度提高

2003 年以来我国农业科技发展进步加快，农业先进适用技术推广力度加大，到 2017 年我国农业科技贡献率达 57.5%，比 2003年增加了 13.3 个百分点，为实现粮食"十四连丰"提供了有力支撑。但也要看到，与发达国家粮食生产科技贡献率 70%～80% 的水平相比仍有较大差距，粮食科技成果转化率（仅为 30%～40%）也明显低于发达国家 70%～85% 的水平。究其原因，"这既有农业科技自主创新能力不强、科研和生产结合不紧密的原因，也有农民素质呈现结构性下降、对新技术吸纳能力弱的原因。但最主要的还是由于基层农业技术推广体系改革和建设滞后，导致农业科技供给传输不下去，生产需求反馈不上来，科技成果的示范推广缺乏工作依托。"①

第三节 粮食生产投资选择行为影响因素实例

以京津冀农业为例，三地农业协同创新水平差异较大，在农业科技成果转化、农业科技资源流动共享等方面，仍存在着诸多区际不一致、不协调问题，创新协同效应不强，尤其是在农户技术选择上，农技服务部门与农户的技术需求难以有效对接，体现在农户的粮食生产投资选择行为比较盲目。为适应"把实施乡村振兴战略，促进城乡融合发展"纳入京津冀农业协同发展之中的时代需求，为全面了解京津冀都市农业农户粮食生产投资行为现状，笔者所在课题组依据区域性和代表性，在 2018 年 1 月至 3 月对北京大兴区、天津北辰区和河北省文安县部分村庄进行实地调研。调研采用典型调查、随机抽样、整群抽样和访谈相结合的方法，调查方式以农户家庭为单位展开问卷调查和面对面访谈，调查内容主要包括农户基本特征、种粮物质投入成本、农户经营特征、种粮收入和种粮态度等方面。调研覆盖 60 个村庄，672 个农户，获得有效问卷 609 份，有效回收率为 90.5%，以期为京津冀农技部门与农户粮食生产投资选择进行有效对接提供决策参考。

在粮食生产行为选择过程中，由于自然资源禀赋、经济社会基础、经营规模及农户自身条件等方面的差异，造成农户的种粮投资选择行为具有显著差异。在粮农投资选择行为中，技术选择行为是首要方面。据农业农村部数据显示，2017 年农业科技进步贡献率达到 57.5%，比 5 年前提高 3 个百分点，有效提升了农

---

① 张桃林. 我国农业科技成果转化率仅为 30% ［N］. 中国经济报，2009. 3. 7.

业质量、效益和竞争力。党的十八大以来，党中央提出了"以我为主、立足国内、确保产能、适度进口、科技支撑"新的国家粮食安全战略，深入实施"藏粮于地、藏粮于技"战略，科技在粮食生产中发挥的作用越来越大。毋庸置疑，加强农业科技研发是提高粮食生产科技贡献率的基础。但是，要提高科技贡献率，单靠提高科技人员的劳动强度和研发能力显然是不够的，更重要的是，处于粮食种植第一线的种粮大户、家庭农场等对农业科技的采纳和应用情况。然而，长期以来，我国农业生产中科技研发投入明显不足与科技成果转化应用不足同时并存。从调研实践来看，农业技术选择和推广应用是制约粮食生产技术进步的重要瓶颈。

一、粮农投资选择行为变化的主要特征

从横向来看，种粮农户的投资选择行为大体表现为短期化、趋同化、组织化程度偏低、缺乏主动性等特征。从纵向动态来看，粮农投资选择行为尤其是技术选择行为主要呈现出以下几个变化特征。

（一）由产量导向向质量优先转变

长期以来，以追求粮食增产为主的政策导向，导致了粮食生产"重产量、轻质量"的弊端，主要体现在以下几个方面：一是在粮食最低收购价上，虽然小麦、稻谷有等级差价，"执行最低收购价的粮食为当年生产的等内品，相邻等级之间等级差价按每市斤0.02元掌握"，但缺乏品质差价，优质优价尚未完全体现出来；二是在粮食直补上，将粮食播种面积（实践中按承包地面积）作为补贴的主要发放依据，粮食质量或耕地质量并未得到完全体现；三是在产粮大县奖励上，2005年4月发布的《中央财政对产粮大县奖励办法》规定，将粮食商品量、粮食产量、粮食播种面积作为

奖励因素，三个因素所占权重分别为 50%、25%、25%，三个指标实质上都是数量指标，即使将地区差异和财政困难程度作为差别化奖励措施，其中仍然没有质量因素。

在粮食质量导向尚未引起足够重视的情况下，粮农的质量意识淡薄，其技术需求和技术选择行为必然与农业科技进步模式发生偏离。在信息不对称且粮食品质难以准确判别的情况下，粮农往往不关心产销的粮食品质是否达到国家质量安全标准。从调查问卷结果来看，针对"您对农技服务的要求是"的回答中，选择"提高粮食产量"的占比最高，为 40.1%，而"保证推广新产品质量和效果"只有 21.6%。

（二）劳动投入向资本投入转化

随着务农机会成本逐渐上升，大量农村青壮年劳动力外出务工。客观上讲，用"省工性"机械投入代替劳动投入是农业技术选择的重要考虑因素。据国家发展和改革委员会组织编写的相关年份《全国农产品成本收益资料汇编》数据显示，粮食生产每亩用工数量由 2005 年的 9.59 天逐年递减到 2016 年的 5.31 天，劳动投入减少了 44.6%，同时，机械投入由 2005 年的 37.73 元增加到 2016 年的 142.79 元，增长了近 3 倍，同期化肥投入也增长了 52.9%。粮农用地方式出现"省工性"变化，用于粮食生产的劳动力明显下降，劳动力被农业技术要素代替，农业机械、化肥、农药等物质投入显著上升。[1] 王倩、肖渊实（2016）研究发现，农地流转"非农化"及"非粮化"倾向明显，随着农地规模的扩大，单位面积劳动投入减少。[2] 由此可见，传统的大量劳动力投入的劳

---

① 刘成武、黄利民. 农地边际化过程中农户土地利用行为变化及其对粮食生产的影响 [J]. 地理研究，2015，34（12）：2268 - 2282.

② 王倩、肖渊实、余劲. 农地流转对农户土地利用行为及效果影响探究 [J]. 中国农业资源与区划，2016，37（2）：231 - 236.

动密集型的精耕细作生产模式正逐渐转型，粮食生产中的大量劳动投入正向"省工性"的资本投入转变。

劳动投入与资本投入存在相互竞争关系，可以进一步通过二者的 Pearson 相关系数来检验。2000～2016 年全国三大主粮劳动力投入与机械投入、化肥投入的 Pearson 相关系数，如表 3 - 3 所示。

表 3 - 3　　劳动投入分别与机械投入和化肥投入的 Pearson 相关系数

投入项目	全国平均劳动投入量	北京劳动投入量	天津劳动投入量	河北劳动投入量
机械投入	- 0.940 **	- 0.467 *	- 0.478 *	- 0.953 **
化肥投入	- 0.962 **	- 0.120	- 0.752	- 0.952 **

注：（1）** 和 * 分别表示 0.01 和 0.05 的显著性水平。（2）北京和天津数据为 2001～2007 年数据。

结合本次调研情况进一步分析，在关于"您对新技术采用的态度"的回答中，"看看效果，稍后采用"占 41.6%，远高于"有新技术，马上采用"和"其他人都采用了，我再采用"。在关于"您采用新技术的主要目的"的回答中，"减少劳动力投入"占 33.7%，位列第二仅次于"提高产量"。

在粮食生产过程中，之所以演变为劳动力投入逐渐减量化的态势，主要是由以下原因引起的：随着农村劳动力种粮机会成本的不断上升，大批农村青壮年常年外出务工，农村劳动力由供给过剩向结构性短缺转变，劳动力资源流失使得部分粮地出现了粗放经营，甚至抛荒弃耕的现象。因此，为了减少劳动力投入，通过提高机械化使用程度来替代减少的劳动力投入则成为现实选择。调查问卷统计结果显示，在对"粮食生产方式"的回答中，机械化程度提高占 52.3%，明显高于"更加粗放""更加精细"和"没有变化"其他三种回答。

为进一步明晰劳动和资本的相互替代关系，下面从劳动和资本的产出弹性和边际生产力两方面进行讨论。

以三种主粮亩均产量（单位为千克）作为产出，以亩均用工数量（单位为人·日）作为劳动投入，亩均物质与服务费用（单位为元）作为资本投入。根据 Cobb-Douglas 生产函数 $Y = AK^{\alpha}L^{\beta}$，其中 Y 为产出，A 为资本投入，L 为劳动投入，α 和 β 分别为资本和劳动的产出弹性，并借鉴蔡昉、王美艳（2016）[①] 的测算方法，将上式对数化后得到 $\ln Y = \ln A + \alpha \ln K + \beta \ln L$。

假设规模报酬不变，即 $\alpha + \beta = 1$，则上式转化为

$$\ln \frac{Y}{L} = \ln A + \alpha \ln \frac{K}{L}$$

在劳动和资本的产出弹性的基础上，计算二者的边际生产力，

$MPK = \alpha \dfrac{Y}{K}$ 其中，α 为资本产出弹性，Y 为粮食产量，K 为资本投入。

$MPL = (1 - \alpha) \dfrac{Y}{L}$，其中，$1 - \alpha$ 为劳动产出弹性，Y 为粮食产量，L 为劳动投入。

张旭青（2016）分品种测算资本和劳动的替代弹性，计量和测算结果表明，水稻、小麦、玉米的替代弹性分别为 0.4195、1.0991、1.0577。[②] 根据历年《全国农产品成本收益资料汇编》数据显示，1990 年前后和 2006 年前后大致为粮食生产用工数量发生显著变化的两个时间节点。因此，分为 1978 ~ 1990 年、1991 ~ 2006 年和 2007 ~ 2016 年三个时间段，估算粳稻、小麦和玉米三种粮食作物的劳动产出弹性和资本产出弹性。

---

① 蔡昉、王美艳. 从穷人经济到规模经济——发展阶段变化对中国农业提出的挑战 [J]. 经济研究, 2016 (5)：14 – 26.

② 张旭青. 粮食生产中资本投入与劳动投入的替代弹性 [J]. 江苏农业科学, 2016, 44 (11)：551 – 554.

表 3-4　　　1978～2016 年劳动和资本的产出弹性和边际生产力

测算种类		1978～1990 年	1991～2006 年	2007～2016 年
粳稻	劳动产出弹性	0.013	0.119	0.192
	边际劳动生产力（千克）	0.219	4.306	13.658
	资本产出弹性	0.987	0.881	0.813
	边际资本生产力（千克）	8.422	6.732	6.021
小麦	劳动产出弹性	0.024	0.069	0.232
	边际劳动生产力（千克）	0.361	2.322	23.413
	资本产出弹性	0.976	0.931	0.721
	边际资本生产力（千克）	6.126	5.624	4.727
玉米	劳动产出弹性	0.139	0.191	0.326
	边际劳动生产力（千克）	2.378	6.005	20.313
	资本产出弹性	0.861	0.809	0.665
	边际资本生产力（千克）	9.351	8.273	6.356

资料来源：根据历年《全国农产品成本收益资料汇编》有关数据计算而成。

表 3-4 显示，在所列三个时期中，三种主粮的劳动边际生产力呈现逐渐递增趋势，对应的劳动产出弹性亦逐渐增大。特别是在 2007～2016 年期间，粳稻的边际劳动生产力提高了 2.18 倍，同期小麦和玉米的边际生产力则分别增长了 9.08 倍和 2.38 倍，反映出粮食生产的"去劳动密集化"态势。与之相对应，资本的边际生产力和资本的产出弹性在考察期内呈现逐渐递减趋势。其中，2007～2016 年期间，粳稻的边际资本生产力降低了 10.6%；同期，小麦和玉米的边际资本生产力分别下降了 15.1% 和 23.2%。三种粮食作物边际资本生产力的降低幅度，远远低于边际劳动的增长幅度。由此说明，在生产要素相对稀缺而农地细碎化的制约下，资本报酬递减和投资回报率下降成为一种必然趋势。

（三）技术需求多元化

随着农户逐渐分化及种粮大户、家庭农场、合作社等新型农业经营主体发展，种粮主体技术需求呈现日益多元化趋势。农户自身禀赋特征、技术综合环境、技术信息获取等因素直接影响农户的技术选择行为。从现状来看，粮农不仅需要耕作栽培技术、灌溉技术、机械技术和病虫害防治技术，也需要信息技术、管理技术等，多元化需求特征较为明显。

多元化技术需求不仅对技术提供者提出了更多的要求，而且在个性化服务、精准服务等方面提出了更高的要求。由于农业技术服务具有公共服务属性，社会化服务体系发育滞后，既存在政府缺位问题也存在市场失灵问题，迫切需要加快构建新型农业化社会服务体系。虽然国家致力于构建综合配套的农业社会化服务体系，但就现实情况来看，仍然是以政府为主的技术供给模式，因此技术的供给调整往往落后于需求的变化，难以满足技术需求的发展变化。[①]

二、农户种粮投资选择行为差异分析

（一）变量设置及描述性统计

基于前述研究，选取农户粮食生产投资行为作为被解释变量，并且从"粮食生产性投资行为"和"粮食生产性投资规模"两个决策束考察。基于前文的研究假设和推论，选取如下变量，变量的定义、符号、赋值和统计情况如表 3 - 5 所示。

---

① 虞洪. 种粮主体行为变化对粮食安全的影响及对策研究［M］. 北京：经济科学出版社，2017：177 - 183.

表 3-5 变量取值说明及描述性统计

变量		变量定义	变量描述	平均值	标准差
被解释变量	粮食生产投资行为	gvest	预期投资增加=1；减少=0；没变化=2	0.787	0.656
解释变量	1. 物质投入成本				
	种子成本	seed	每亩种子成本（元）	108.611	125.821
	化肥成本	ferti	每亩化肥成本（元）	140.333	127.189
	农药成本	pestc	每亩农药成本（元）	109.501	126.412
	灌溉成本	irrga	每亩灌溉成本（元）	91.764	122.258
	机械作业成本	mech	每亩机械作业成本（元）	126.16	197.748
	2. 农户经营特征				
	农地规模	scale	农作物播种面积（亩）	5.776	7.444
	播种面积	area	粮食播种面积（亩）	5.039	6.125
	播种面积变化	achan	增加=1；不变=2，减少=3	2.251	0.598
	务农收入比例	arira	务农占家庭收入比例（%）	49.773	33.056
	种粮收入比例	grati	种粮占务农收入比例（%）	56.623	35.257
	3. 种粮态度				
	土地经营规模意愿	swill	保持规模不变=1；扩大规模=2；压缩规模=3	1.639	0.6333
	土地流转意愿	cwill	流转意愿增强=1；减弱=2	1.589	0.644
	施肥施药态度	fwill	听农技人员=1；自己决定=2；听朋友介绍=3；听销售商推荐=4	2.037	1.032
	4. 农户基本特征				
	性别	gend	男=1；女=0	0.843	0.614
	年龄	age	16-30岁=1；31-45岁=2；46-60=3；60以上=4	2.509	0.962

续表

变量		变量定义	变量描述	平均值	标准差
解释变量	文化程度	educ	没上过学＝1；小学＝2；初中＝3；高中或中专＝4；大专及以上＝5	3.028	1.131
	家庭人数	fsize	家庭人口数量（人）	3.833	2.011
	务农人数	farm	家庭务农人口数量（人）	1.617	1.256
	地块离家距离	dist	经营地块离家距离（公里）	2.864	1.563

为分析样本数据反映的种粮情况，先对变量进行基本的描述性统计分析。从表3－5可知，样本中三类粮食生产投资行为均值为0.787。在全部样本中，对于物质投入成本，种子、化肥、农药、灌溉和机械作业几项主要开支的均值分别为108.6元、140.3元、109.5元、91.7元和126.2元，但标注差反映出个体间的离散程度较大。对于农户经营特征，农地规模和粮食播种面积均值分别为5.8亩和5.0亩，以及务农收入比例和种粮收入比例均值分别为49.8%和56.6%，但个体之间差异较大，反映出农业户和兼业户在农业生产经营行为上存在较大差异。播种面积变化均值为2.3亩，说明粮食播种面积整体上呈现减少趋势。对于种粮态度，由土地经营规模意愿和土地流转意愿均值反映出，半数以上农户倾向于扩大土地经营规模，同时也印证了调查中半数以上农户土地流转意愿减弱的情况。从施肥施药态度统计中看出，大部分农户自行决定，农技培训较少。对于农户基本特征，男性农户数量占比较高，达84.3%，农户年龄集中在45～55岁的中年阶段，整体受教育水平达到了初中以上水平，但不同农户间个体差异较大。家庭规模和务农人数均值分别为3.8人和1.6人，家庭人口中务农者不足50%。地块离家平均距离2.8公里，但较为分散。

（二）影响因素的选取与理论假设

农户的种粮投资，可分为可变资金投入与固定资金投入。前者包括粮食生产过程中购买种子、化肥、农药、雇工、租赁农用机械等支出，后者主要指购买农用机械、运输工具及其他有助于农业生产的固定性资产等投资。粮农根据自身情况和外界环境变化，及时对粮食生产投资行为作出调整，其选择主要取决于投资新技术或服务后的盈利状况预期。根据舒尔茨理论，新技术作为一种新的生产要素，农民是理性经济人，在利润最大化目标下，如果收益大于成本，将会采取这种新技术。现在农技服务部门的信息传播能力和农户的信息获取能力有了很大提高，本研究认为以下几个方面可能影响农户对粮食生产投资行为的选择。

1. 物质投入成本

物质投入成本可以从不同方面反映出粮食生产投资行为，主要包括种子成本（seed）、化肥成本（ferti）、农药成本（pestc）、灌溉成本（irrga）、机械作业成本（mech）等。种子是粮食增产的首要因素，据测算，良种对粮食增产的科技贡献率为38%～42%。对于京津冀区域种植农户来说，自留种子进行生产的情况较为少见，种子支出大多为现金支出，而及时灌溉是粮食增产的另一个重要因素。由此，良种成本和灌溉成本越高，反映出农户对粮食生产的投资行为越活跃。化肥对小范围粮食的增产作用明显，对于小农来说，在既有的土地规模下，只有增加单产才能获得更高的利润，小规模、细碎化耕地更适宜通过增加化肥施用量来提高粮食单产，而大规模经营的种粮大户分摊到每亩地的化肥施用量会减少。农药投入量随着粮地经营规模扩大而增加，与化肥不同，农药喷洒更适合于大规模作业，小规模使用成效反而低下、浪费严重，且大部分粮农经营的小规模农地，虫害面积和虫灾程度一般要比大规模经营的农户小，由此带来的风险和损失也随之降低。相比之下，农药施用量增加带来的粮食增产而提高的收益不足以补偿农药成本。因此，理性粮农会减少农药使用，而种粮大户往往有充足的资金，播种面积大，虫害面积也大，为摆脱虫害所带来的损失必然会增加农药使用量。提高机械采用率，是提高全程粮食机械化生产技术采用率的核心环节。机械化采用率高的农户，往往是高收入和较高收入的规模种植农户，机耕、机种、机收的成本越高，说明全程机械化采用率越高，对粮食生产的投资行为越积极。

2. 农户经营特征

不同的农户经营特征，对粮食生产投资行为的影响产生不确定性，主要包括农地规模（scale）、播种面积（area）、粮食播种面积变化（achan）、务农收入比例（argira）、种粮收入比例（gratio）等。对于农地经营规模和粮食播种面积，显而易见，不同经营规模对农地利用强度存在直接影响。农地经营规模小的农户，自家劳动力基本满足农耕需要，甚至略有劳动力剩余，在劳动力投入方面以自家劳动力为主，很少需要额外的雇工量，农业机械化投入量也很少。而中等以上经营规模，自家劳动力已无法满足现有规模的农耕需求，雇工投入大幅增加，同时，经营规模扩大会产生规模效应，种植面积大的农户租用机械和拥有大型机械的比例高，机械化投入也随之增加。因此，农地经营规模和粮食播种面积越大，亩均劳动投入越少，越促进农户对粮食生产的投资。在务农收入和种粮收入中，务农和种粮收入越高，对粮食科技的依赖程度越高。务农收入和种粮收入所占比重越高，务农和种粮收入对家庭总收入的贡献就越大，种粮收入就越重要，其粮食生产的积极性就越高，因此保持着对粮食生产投资的热情。

3. 种粮态度

农户对种粮意愿的不同方面会对粮食生产投资行为产生不同的影响，主要包括土地经营规模意愿（swill）、土地流转意愿（cwill）和施肥施药态度（fwill）等。"农民土地意愿经营规模反映了农民根据自身的时间、精力以及家庭拥有的资本包括固定资本和流动资本等实际情况，希望经营的土地面积"。① 农户自身生产能力的高低，决定了农户土地经营规模意愿的强弱。

土地流转意愿，对农户的投资行为产生直接影响。农户是否愿意参与农地流转，关键因素是农户非农经营收入在家庭收入中所占比重。农民就业和农民收入的多元化以及务农机会成本的提高，为一部分农户放弃农地经营权、实现农地流转提供了可能性。非农经营收入越高，农户从第二、第三产业中所获收入越多，农业收入所占比重越低，表明耕地对农户的经济重要性逐渐减弱，此时农户会投入更多精力专注第二、第三产业，从而更情愿将自有农地流转出去，进一步会减少对农地耕作的投资。施肥施药态度的差异主要体现在施肥施药方式和施肥施药量的差异，这种"多次施肥施药"农户必然要比"一次性施肥施药"农户的粮食生产投资积极性要高。

4. 农户自身的基本特征

农户的自身禀赋会影响其对粮食生产投资的需求。农户自身禀赋主要包括农户的性别（gend）、年龄（age）、文化程度（educ）、家庭人数（fsize）、务农人数（farm）、地块离家距离（dist）等。从性别上看，男性比女性流动性强，社会关系广，获得信息的能力强，而且男性为了追求更高收益有较强的风险偏好，因此更愿意投资新技术。从年龄上看，首先年轻人比年长者更易接受新事物新观念，有更多的信息获得途径，接受新技术和服务的意愿和动力强；其次，在新时代新形势下，许多返乡创业的"90后"成为"新农人"，有的是大学生，有的出身公务员，通过电商平台把农产品从田间地头直供城市餐桌。正如2018年中央"一号文件"指出，这些"新型职业农民已成为发展农村新产业新业态的先行者，成为应用新技术新装备的引领者"。因此，年轻人更倾向于投资新技术和农技服务。从文化程度看，受教育年限的多少直接影响农户对粮

---

① 张忠明、钱文荣. 农民土地规模经营意愿影响因素实证研究——基于长江中下游区域的调查分析 [J]. 中国土地科学，2008，22（3）：61–67.

食生产投资行为的选择。首先，新技术都凝结了大量的科技因素，受教育程度越高，对新技术的认知越深刻，从而对新生产技术和良种技术的采纳意愿和运用能力越强，越倾向于用机械技术代替劳动投入，利用效率越高；其次，受教育程度越高，其同学和朋友等人脉资源越丰富，眼界越开阔，信息的及时获取渠道越广。因此，受教育程度高的人更易投资新技术、新服务。从家庭人数和务农人数来看，农业技术采用和投资行为与家庭人口结构有密切关系。家庭人口越多，兼业、脱农人口数量越多，兼业化程度越高越倾向于非农就业，一般越对种粮投资行为持消极态度。地块离家越远，在其他条件不变的情况下，粮食生产需要投入的劳动越多。

通过上述定性分析，在充分借鉴前人相关研究成果的基础上，本研究提出如下假设：

H₁：物质投入成本对农户预期粮食生产投资行为的选择产生影响。物质投入成本主要包括种子、化肥、农药、灌溉、机械作业等成本。

H₂：农户经营特征对农户预期粮食生产投资行为的选择产生影响。农户经营特征主要包括农地规模、播种面积、播种面积变化、务农收入比例、种粮收入比例等方面。

H₃：种粮态度对农户预期粮食生产投资行为的选择产生影响。种粮态度主要包括土地经营规模意愿、土地流转意愿、施肥施药态度等。

H₄：农户基本特征对农户预期粮食生产投资行为的选择产生影响。农户基本特征主要包括性别、年龄、文化程度、家庭人数、务农人数、地块离家距离等。

三、多分类 Logit 模型构建及回归分析

（一）理论模型

农户对粮食生产投资选择行为分为预期增加投资、不变、减少投

资三类，不涉及高低次序之分，属于多分类变量，且符合"无关选择的独立性"假设，任意两类结果之间是彼此独立的，故需要建立多分类因变量模型进行分析。粮农的生产经营投资选择行为实际上是一个效用最大化问题。假设农户选择 i 选择方案 j 是由于选择其效用高于其他所有可备选的方案。因此，农户 i 选择方案 j 的概率为：

$$P_{ij} = \frac{\exp(x_{ij}\beta)}{\sum_{j=0}^{J} \exp(x_{ij}\beta)}$$

不妨将方案 1 作为参照方案，令其相应系数 $\beta_i = 0$，则有：

$$P(y_i = j \mid x_i) = \frac{\exp(x_i\beta_j)}{1 + \sum_{k=2}^{J} \exp(x_i\beta_k)}, \, j > 1$$

现在农户粮食生产有三类投资选择行为，用发生比率来解释，则 m 类与 n 类的发生比率比表达为：

$$\frac{P(y = m \mid x)}{P(y = n \mid x)} = \frac{\dfrac{\exp(x_i\beta_m)}{\sum_{j=1}^{J} \exp(x_i\beta_j)}}{\dfrac{\exp(x_i\beta_n)}{\sum_{j=1}^{J} \exp(x_i\beta_j)}} = \frac{\exp(x_i\beta_m)}{\exp(x_i\beta_n)}$$

进一步可得到对数发生比为：

$$\ln\left(\frac{P_{im}}{P_{in}}\right) = x_i(\beta_m - \beta_n)$$

引入上面定性分析和理论分析中的相关影响因素，本研究具体的多分裂因变量模型表达为：

$$\ln\left(\frac{P_{im}}{P_{in}}\right) = \beta_0 + f(\text{seed}, \text{ferti}, \text{pestc}, \text{irrga}, \text{mech}, \text{scale}, \text{area}, \text{achan}, \text{arira},$$
$$\text{grati}, \text{swill}, \text{cwill}, \text{fwill}, \text{gend}, \text{age}, \text{educ}, \text{fsize}, \text{farm}, \text{dist}) + \varepsilon_i$$

（二）多分类 Logit 模型回归结果及讨论

考虑到各个变量的量纲差别较大，先对其进行标准化处理，再运用 Stata 14.0 统计分析数据。通过建立多分类 Logit 模型对京津冀样本农户粮食生产投资行为分析中，分为预期投资增加、减少和没变化三类投资选择行为进行实证检验，为节省篇幅，以预期投资无变化类为参照组，主要分析预期投资增加和投资减少相对于参照组的发生概率，采用 Stata 14.0 进行模型估计，回归结果如表 3-6 所示，讨论每个影响因素是否显著及其影响方向。

表 3-6 农户粮食生产投资行为选择模型估计结果

影响因素	投资增加			投资减少		
	β	S. E.	$\exp(\beta)$	β	S. E.	$\exp(\beta)$
物质投入成本						
seed	-0.0198	0.0203	0.9981	0.0767	0.0204	1.0076
ferti	0.0146	0.0114	1.014	-0.0173	0.0112	1.0172
pestc	0.0149 *	0.0188	1.015	0.0812	0.01854	1.0081
irrga	0.071 *	0.0066	1.0513	-0.2348	0.0067	0.8792
mech	0.0353 **	0.0186	1.0360	0.0403	0.1792	1.0411
农户经营特征						
scale	0.1232	0.0136	0.9946	-0.1287	0.5164	0.8792
area	0.1493 **	0.0263	0.8613	-0.0548	0.6671	0.9466
achan	0.5779	1.0263	0.5783	0.3028	0.5761	1.3536
arira	0.0173 *	0.0184	1.0176	-0.0112 *	0.0182	0.9889
grati	0.0545 **	0.0287	1.0560	0.0586	0.0272	1.0603
种粮态度						
swill	-0.3355	0.6911	0.7151	-0.7767	1.4093	0.9252
cwill	-0.4218 *	0.2118	0.6558	-2.3008 *	0.3187	9.9825
fwill	0.9463 *	0.3619	2.5762	1.2333	0.5762	3.432

续表

影响因素	投资增加			投资减少		
	β	S. E.	exp（β）	β	S. E.	exp（β）
农户基本特征						
gend	1.4811	1.7946	4.3927	−4.5912 **	1.8707	0.0101
age	3.4697 **	1.5195	0.2599	−4.1528 ***	1.5668	0.0157
educ	0.1761 *	0.2055	1.1932	−0.6358	0.7204	0.5295
fsize	−1.7464 ***	0.6286	0.1744	1.5839 *	3.6044	4.8980
farm	0.5801	0.4037	1.7861	0.5972	0.2941	1.8171
dist	0.2873	0.0437	1.3328	−0.2897 **	0.2085	0.7485

注：β 为模型参数；S. E. 为标准差；exp(β) 为发生比率。 *** 、 ** 、 * 分别表示 $p < 0.01$、$p < 0.05$、$p < 0.1$。为节省篇幅，本表删除常数项和地区虚拟变量。

1. 物质投入成本影响因素

表 3 - 6 结果显示，相比于对照组，农药成本、灌溉成本和机械作业成本在农户粮食生产投资增加类中，在 5% 和 10% 显著性水平下显著影响农户粮食生产投资行为，说明"省工性"或"增产性"资金投入显著影响了农户种粮投资是增加还是维持现状；系数符号和大小说明这些物质投入成本越高，农户选择增加投资的可能性越大，这与本研究的假设相符。模型中机械动力投入成本系数为 0.0353，表明机械动力每增加 1 个单位，农户选择扩大投资行为的概率提高 3.53%。化肥成本没有通过显著性检验，一个可能的解释是，"政府对粮食生产的激励和约束不足，导致化肥施用技术落后"。[①] 农户对化肥的增产作用过度依赖，普遍过量施肥，导致土壤性状恶化、环境污染、农产品品质下降等危害，是近年来提倡化肥减量化施用和配方施肥的重要原因。

---

① 占辉斌、胡庆龙. 农地规模、市场激励与农户施肥行为 [J]. 农业技术经济，2017（11）：72 - 79.

2. 农户经营特征影响因素

与预期投入无变化类相比，种粮规模、种粮收入比例在 5% 显著性水平下对农户选择种粮投资增加产生显著影响，而务农收入比例则在 10% 显著性水平下产生影响。这说明，随着农地经营规模的扩大，务农收入增加，农户"理性经济人"假设逐渐明显，注重生产要素优化配置，以追求整体利益最大化，与传统家庭劳动力自给为导向的生产方式存在本质区别。同时，在粮农投资减少类与投资无变化类的比较中，务农收入比例对粮食生产投资决策的影响显著。回归系数为 −0.0112，即务农收入比例每提高一个单位，农户选择种粮投资减少的概率减少 1.12%。这表明务农收入比例越高，兼业化和非农就业的比重越小，农户选择缩减种粮投资规模的可能性越小，这与理论预期相一致。

3. 种粮态度影响因素

在三个种粮态度中，农地流转意愿对农户粮食生产投资增减选择行为影响显著。发生比率的回归系数表明，在控制其他变量不变的条件下，农地流转意愿能使农户选择粮食生产投资增加相对于投资无变化类的发生比率减少 34.4%，这与本研究的假设一致，农户的土地转出意愿越强，务农收入所占比重越小，农户越倾向于缩减粮食生产规模，因此会有更大可能性选择减少粮食生产投资规模。同时，农户意愿经营规模因素对粮食生产的投资选择行为影响并不显著，这与本研究的理论预期不一致。一个可能的原因是，不同农地经营规模与亩均粮食产量呈现"∩"形关系，最优农地经营规模以下的农户因经营规模限制，即使增加资金投入也无法发挥其最佳作用。此外，相比对照组，在 10% 显著性水平下施肥施药态度显著影响农户种粮投资增减行为。发生比率回归系数表明，在控制其他变量不变的条件下，积极的施肥施药态度使农户种粮选择投资增加比投资无变化的发生比率增加 1.57 倍，这与前述的研究假设相一致。

4. 农户基本特征影响因素

在农户基本特征中，年龄、受教育程度两个因素在粮农投资增加类在与投资无变化类的比较中，分别在 5% 和 10% 水平下显著，说明年龄和受教育程度显著影响农户选择种粮投资变化的决策行为。表 2 显示，在控制其他变量不变的情况下，受教育因素使农户选择粮食投资增加是投资无变化的 1.19 倍，也就是说，受教育程度高的农户对新技术运用能力强，偏爱选择种粮投资增加的生产行为，这与本研究的假设相符。家庭务农人数因素对农户投资选择行为影响并不明显，可能的解释是家庭自有劳动力多，在很大程度上可以取代机械作用成本，因此对农户投资选择行为无实质影响。同时看到，在粮农投资减少类与投资无变化类比较中，性别、年龄、家庭人口数和地块离家距离四个因素，在 5% 和 1% 显著性水平下显著影响农户对种粮投资维持现状和投资减少的决策行为。其中，家庭人口规模因素使农户选择投资减少是投资无变化类的 4.89 倍，说明家庭人口多的农户兼业化和非农就业比较普遍。由于务农收入比较效益低，非农就业对粮食生产的劳动投入产生负向影响，因此他们倾向于把更多的精力用于非农就业，从而对粮食生产投资增加持消极态度，这与理论预期相符。

四、主要结论

首先基于劳动投入与资本投入互替视角探讨了农户粮食生产投资选择行为的主要动态特征，进而对京津冀 609 份微观调查数据构建多分类 Logit 模型，分析了物质投入成本、农户经营特征、农户种粮态度、农户基本特征对农户粮食生产投资选择行为的影响。研究结论表现为以下几方面。

第一，在物质投入成本影响因素中，种子成本、农药成本、灌溉成本和机械作业成本，显著影响农户粮食生产投资行为，说明"省工性"或"增产性"资金投入显著影响了农户种粮投资是增加还是减少，物质投入成本越高，农户选择减少投资的可能性越大。

第二，在农户经营特征影响因素中，农户经营规模和种粮收入比例分别在农户粮食生产投资减少类在与投资增加类的比较中影响显著。

第三，在种粮态度影响因素中，农地流转意愿对农户粮食生产投资增减选择行为影响显著。在控制其他变量不变的条件下，农地流转意愿能使农户选择粮食生产投资增加相对于投资无变化的发生比率减少34.4%。

第四，在农户基本特征影响因素中，年龄、受教育程度和家庭人口数三个因素在粮农投资增加类与投资无变化类比较中影响显著，说明年龄、受教育程度和家庭人口数显著影响农户选择种粮投资变化的决策行为。

第四章

粮食价格波动：期货市场视角

2016 年 10 月，《全国农业现代化规划（2016～2020 年）》明确提出，"稳步推进农产品期货等交易，创设农产品期货品种" "建立农业补贴、涉农信贷、农产品期货和农业保险联动机制"。当前，如何按照深化农业供给侧结构性改革的根本要求，稳步推进农产品期货交易，充分发挥引导生产、稳定市场、规避风险的作用，提高农业抗风险能力和农产品市场竞争力，是加快发展现代农业、确保国家粮食安全的现实选择。

第一节 粮食期货市场发展现状

自 1990 年郑州批发市场成立以来，我国期货市场发展已有近 30 年历程，先后经历了盲目发展、清理整顿、规范发展等几个阶段，总体上期货市场交易规则、制度建设不断完善，市场交易规模逐步扩大，期货市场功能进一步增强。

一、期货市场基本功能

从期货市场运行情况来看，它主要有两个基本功能，分别是：

第一，价格发现功能。指通过公开、公平、公正、高效、竞争的期货市场交易机制，形成具有真实性、预期性、连续性和权威性期货价格的过程，其能够较为准确地反映当前和未来市场供需关系，为现实生产经营活动提供指导和参考。期货市场之所以具有价格发现功能，主要有以下三点原因：一是期货市场交易参与者众多，包括生产者、销售者、加工者、投机者、进出口商等，这些参与者基本上代表了市场供求双方力量、反映出市场供需关系，进而有助于形成权威的市场价格；二是大多数期货交易者熟悉某行业发展状况及商品市场行情，有着较为广泛的信息渠道和丰富的价格预测经验，对某商品市场供需和价格走势能够做出比较接近真实情况的判断和预测；三是期货市场采用自由报价、集中竞价、公开交易的形式，是与完全竞争非常接近的市场，市场透明度高，有利于避免现货市场中容易发生的价格欺诈、市场垄断现象。

第二，套期保值功能。指在期货市场买进或卖出与现货市场交易品种、交易数量相同，但交易方向相反的期货合约，以期在未来某一时间通过卖出或买进此期货合约而补偿因现货市场价格不利变动带来的损失。期货市场之所以具有套期保值功能，规避价格波动风险，主要有以下两点原因。一是同种商品的期货价格走势与现货价格走势一致。这是因为，尽管期现货两个市场各自独立，但正常情况下，某种商品期现货价格会受到相同的经济、环境和政策等各种因素影响和制约，以至于期现货价格走势一致。二是随着期货合约到期日临近，期货价格与现货价格趋于一致。按照期货交易所的规则和程序，商品期货合约到期时应该进行实物交割，或者按照规定结算价格进行现金差价结算，以了结到期未平仓合约。若到交割时出现期货价格高于现货价格，就会有套利者低价买入现货、高价卖出期货，进而实现盈利，这种套利交易最终会使期货价格与现货价格趋于一致。

二、粮食期货市场存在的主要问题

近年来，我国农产品期货市场稳步发展，在促进农民持续稳定增收、调整和优化农业结构、提高农产品市场竞争力和农业抗风险能力等方面发挥了重要作用。2004 年以来连续 15 年有关"三农"工作的中央"一号文件"，大多数年份都对农产品期货市场做出部署安排，有关政策汇总如表 4-1 所示。

表 4-1　　　　　2004~2018 年中央"一号文件"涉及
农产品期货主要政策内容汇总

年份	中央"一号文件"	涉及农产品期货的主要政策内容
2004	《关于促进农民增加收入若干政策的意见》	完善粮食现货和期货市场
2005	《关于进一步加强农村工作提高农业综合生产能力若干政策的意见》	在继续搞好集贸市场和批发市场建设的同时，注重发挥期货市场的引导作用
2006	《关于推进社会主义新农村建设的若干意见》	发展大宗农产品期货市场和"订单农业"
2007	《关于积极发展现代农业扎实推进社会主义新农村建设的若干意见》	进一步规范和完善农产品期货市场，充分发挥引导生产、稳定市场、规避风险的作用
2008	《关于切实加强农业基础建设进一步促进农业发展农民增收的若干意见》	完善农产品期货市场，积极稳妥发展农产品期货品种
2009	《关于 2009 年促进农业稳定发展农民持续增收的若干意见》	采取市场预警、储备调节、增加险种、期货交易等措施，稳定发展生猪产业
2010	《关于加大统筹城乡发展力度进一步夯实农业农村发展基础的若干意见》	加快发展农产品期货市场，逐步拓展交易品种，鼓励生产经营者运用期货交易机制规避市场风险

年份	中央"一号文件"	涉及农产品期货的主要政策内容
2011	《关于加快水利改革发展的决定》	—
2012	《关于加快农业科技创新持续增强农产品供给保障能力的若干意见》	充分发挥农产品期货市场引导生产、规避风险的积极作用
2013	《关于加快发展现代农业 进一步增强农村发展活力的若干意见》	加强农产品期货市场建设，适时增加新的农产品期货品种
2014	《关于全面深化农村改革加快推进农业现代化的若干意见》	健全大宗农产品期货交易品种体系；推动证券期货经营机构开发适合"三农"的个性化产品
2015	《关于加大改革创新力度加快农业现代化建设的若干意见》	发展农产品期货交易，开发农产品期货交易新品种
2016	《关于落实发展新理念加快农业现代化实现全面小康目标的若干意见》	创设农产品期货品种，开展农产品期权试点。探索建立农业补贴、涉农信贷、农产品期货和农业保险联动机制。稳步扩大"保险＋期货"试点
2017	《关于深入推进农业供给侧结构性改革加快培育农业农村发展新动能的若干意见》	深入推进农产品期货、期权市场建设，积极引导涉农企业利用期货、期权管理市场风险，稳步扩大"保险＋期货"试点
2018	《关于实施乡村振兴战略的意见》	深入推进农产品期货期权市场建设，稳步扩大"保险＋期货"试点，探索"订单农业＋保险＋期货（权）"试点

资料来源：2004～2018 年中央"一号文件"。

从目前我国农产品期货市场发展情况来看，主要存在以下突出问题：

（一）部分品种农产品期货交易规模较小

截至 2018 年 6 月，我国期货市场共有上市品种已超过 50 个，初步形成了以工农产品为主、兼顾金融、能源产品的品种结构。其中，农产品期货品种包括普麦、强麦、早籼稻、晚籼稻、粳稻、棉花、棉纱、苹果、油菜籽、菜籽油、菜籽粕、玉米、黄大豆1号、黄大豆2号、豆粕、豆油、棕榈油、鸡蛋、天然橡胶等，且以郑州商品交易所、大连商品交易所从事农产品期货交易为主（见表4－2）。

表4－2　　　　　　　全国四大期货交易所上市品种情况

交易所名称	上 市 期 货 品 种
上海期货交易所	铜、铝、锌、铅、锡、镍、黄金、白银、天然橡胶、燃料油、石油沥青、螺纹钢、线材、热轧卷板
郑州商品交易所	普麦、强麦、早籼稻、晚籼稻、粳稻、棉花、棉纱、苹果、油菜籽、菜籽油、菜籽粕、白糖、甲醇、玻璃、PTA、铁合金
大连商品交易所	玉米、玉米淀粉、黄大豆1号、黄大豆2号、豆粕、豆油、棕榈油、纤维板、胶合板、鸡蛋、聚乙烯、聚氯乙烯、聚丙烯、焦炭、焦煤、铁矿石
中国金融期货交易所	沪深300股指期货、中证500股指期货、上证50股指期货、5年期国债期货、10年期国债期货

资料来源：中国期货业协会网站。

以稻谷期货为例进行分析。早籼稻、粳稻、晚籼稻分别先后于2009年4月、2013年11月、2014年7月在郑州商品交易所上市，与小麦、棉纱、白糖等其他农产品期货相比，稻谷期货交投不活跃。据统计，2017年早籼稻、粳稻、晚籼稻期货成交量分别仅为2074张、522张、404张，分别比上年下降48.2%、23.7%、39.5%；期货成交额分别仅为11305万元、3400万元、2381万元，分别比上年下降48.1%、22.9%、34.0%。而同期优质强筋小麦、棉纱、白糖期货成交量分别达75.5万张、24.8万张、1.22亿张，成交额分别达435.4亿元、287.3亿元、79142.9亿元。显然，无论从期货成交量比较来看，还是从期货成交额比较来看，稻谷期货成交情况与优质强筋小麦、棉纱、白糖相比存在较大的差距。究其原因，受稻谷供需总体宽松、实施最低收购价政策等因素影响，作为重要粮食作物和口粮品种的稻谷，近年来稻谷价格总体平稳、波动较小，导致稻谷现货企业进行套期保值动力不足、期货投资者失去投资吸引力。据国家发展改革委对全国农产品成本收益调查结果显示，2013~2016年稻谷平均出售价格每50千克分别为136.52元、140.63元、138.02元、136.79元，与上年相比，分别下跌1.1%、上涨3.0%、下跌1.9%、下跌0.9%。

另外，这里需要指出的是，我国畜产品和小农产品期货品种缺乏。2007年以来我国一些地区生猪、牛肉等价格出现几次较大波动，尤其是2010~2011年出现了"逗你玩""蒜你狠""姜你军""辣翻天"等部分农产品价格轮番上涨现象。这些农产品价格波动剧烈和期货品种缺乏，导致养殖企业（农户）、生产加工商都面临着较大的市场风险，并可能对玉米、豆粕、麦麸等饲料价格波动产生一定影响。在这种情况下，一方面，农户缺乏对农产品期货市场行情了解，往往依据上年价格变化情况来决定下年种植什么、种植多少，待收获时市场粮棉油价格波动较大，很容易出现增产不增收、陷入"蛛网模型"困境。另一方面，农产品期货市场部分品种交易不活跃，很可能导致一些投资者将大量资金集中到少数几个交易品种上，容易出现人为操纵市场、大量囤积商品、垄断市场价格，以牟取暴利。

（二）农产品期货市场缺乏机构投资者

实践证明，期货市场投资者结构合理与否，对于期货市场提高流动性、保持稳定性、促进市场功能正常发挥至关重要。近年来我国农产品期货市场仍以中小投资者为主，缺乏期货投资基金、大中型期货公司、银行、证券公司等主要机构投资者，对于期货市场提高流动性、保持稳定性、促进市场功能正常发挥十分不利。据中国证券报报道，截至2015年10月末，期货市场总体有效客户104万左右，一般机构客户仅为2.1万，占比仅2%左右，与期货市场实体企业的总体规模相比，期货机构客户数量还不够多。[①] 这里需要指出的是，一些地方国有或国有控股粮食企业亏损或历史债务仍然比较严重，企业"三老"问题尚未根本解决，尚未真正建立起自主经营、自负盈亏、自我约束、自担风险的机制，这些企业明显缺乏参与期货市场套期保值的动力和财力。据原国家粮食局相关统计，截至 2010 年底全国国有粮食企业总数 1.65 万个，其中购销企业数量 1.16 万个，比 2005 年底分别减少约 1.13 万个和 0.61 万个，减幅分别为 40.5% 和 34.4%；现有国有粮食企业中，改革改制企业占全部企业的 65.1%。

（三）农产品现货市场发育还不完善

国内外期货市场发展实践证明，期货市场功能充分有效发挥是建立在较为发达、成熟和完善的现货市场基础之上的。近年来我国城乡批发、集贸市场发展较为迅速，市场数量和交易规模不断扩大。数据显示，截至 2013 年底，全国共有农产品批发市场 4400 多家，其中综合市场数量超过 1700 家；批发市场年成交总额约 37000 亿元，年成交量约 7.8 亿吨；市场总摊位数约 246 万个，总交易面积约 15000 万平方米，经销商共计约 214 万个，涉及从业人员约 646 万人。[②] 但与发达国家成熟完善的农产品市场体系相比，目前我国农产品现货市场发育还不完善。一是农产品市场基础设施简陋和管理方式、交易手段较为落后，相当一部分农产品批发市场、集贸市场仅提供有限的交易摊位，缺乏加工配送、质量检测、冷藏保鲜等配套服务。二是大多数地区农产品生产前端和零售末端组织化程度较低，一家一户小农生产和零售摊贩分散进货模式较为突出，市场主体呈小规模、大群体格局，导致农产品物流配送比例

---

① 官平. 期货仍是"散户市"机构客户占比仅 2% ［N］. 中国证券报, 2015.11.25.
② 马增俊. 中国农产品批发市场发展 30 年回顾及展望 ［J］. 中国流通经济, 2015 (5)：5 – 10.

较低、流通效率不高。三是农产品市场法律法规制度不健全，一些大宗农产品电子交易市场运行不规范、监管不力，信息不畅在较大程度上制约着市场充分竞争。四是地区封锁、区域分割现象仍较为严重，无法满足大农业、大市场、大流通的需要，全国统一规范竞争有序的大市场尚未形成。

（四）期货市场违法违规操作仍时有发生

从近年来期货市场运行情况来看，一些违法违规操作仍然时有发生，严重影响期货市场正常秩序。例如，期货公司挪用客户保证金，或向客户提供虚假成交回报；利用内幕信息从事期货交易；违规大量建仓、大户分仓和借仓交易；通过对敲等方式转移资金；盗取他人期货账户信息及资金；通过蓄意串通、自买自卖、囤积现货，以及集中资金优势、信息优势和持仓优势等多种手段影响期货交易价格或期货交易量；交割仓库出具虚假仓单，或违反期货交易所业务规则，限制交割商品的入库、出库等。

第二节　农户利用期货市场制约因素分析

农户与农产品期货市场的有效对接集中体现在农户能否有效利用农产品期货市场信息指导自己的种植结构调整，以及能否从期货市场中获益。针对目前我国农户在利用期货市场中遇到的种种障碍和困难，引导农户逐步通晓期货市场知识，了解、关注期货市场动态，运用农产品期货市场信息指导农业生产调整，对规避粮食等主要农产品市场波动风险、增加农民收入、促进农业经济持续健康发展意义重大。

目前全国共有约 2.56 亿农户，除了一些种粮大户、家庭农场、农村经纪人较多直接参与期货市场交易和少数农户跟踪关注期货价格走势外，大多数农户无法直接参与期货市场交易。究其原因，主要有以下几方面。

第一，农业生产经营人员年龄总体偏大、文化程度总体偏低，难以适应期货市场专业知识较高的要求。据第三次全国农业普查数据显示，2016 年全国农业生产经营人员 31422 万人。从年龄构成来看，35 岁及以下、36～54 岁人数占比分别为 19.2%、47.3%，而 55 岁及以上的人数占比则达 33.6%，超过 30%；从接受文化教育程度来看，未上过学、小学、初中文化教育程度占比分别为 6.4%、37.0%、48.4%，合计超过 90%，而高中或中专、大专及以上文化教育程度占比分别仅为 7.1%、1.2%（见表 4-3）。不难发现，从事农业生产经营人员年龄总体偏大、接受文化教育程度总体偏低，难以适应期货市场专业知识较高的要求，在理解农产品期货市场运作机理和交易方式等方面会有较大难度，其结果是农民很难借助期货市场来规避风险，也不能利用期货市场的价格发现功能来指导自己的农业生产。

表 4-3 全国农业生产经营人员文化程度及年龄构成情况（2016 年）

	类　别	全国	东部	中部	西部	东北地区
农业生产经营人员总数（万人）		31422	8746	9809	10734	2133
接受文化教育程度	未上过学（%）	6.4	5.3	5.7	8.7	1.9
	小学（%）	37.0	32.5	32.7	44.7	36.1
	初中（%）	48.4	52.5	52.6	39.9	55.0
	高中或中专（%）	7.1	8.5	7.9	5.4	5.6
	大专及以上（%）	1.2	1.2	1.1	1.2	1.4
年龄构成	35 岁及以下（%）	19.2	17.6	18.0	21.9	17.6
	36～54 岁（%）	47.3	44.5	47.7	48.6	49.8
	55 岁及以上（%）	33.6	37.9	34.4	29.5	32.6

资料来源：国家统计局网站．《第三次全国农业普查主要数据公报》，2017 年 12 月 16 日。

　　第二，大多数农户受贷款难、收入较低等因素制约，参与期货市场交易缺乏必要的资金规模。受贷款额度较小、管理难度较大、交易成本较高、农户信用偏低等多方面因素影响，目前农户贷款难、融资难仍是广大农村地区普遍存在的一个难题。尽管近年来农民收入较快增长，2017 年农民人均纯收入超过 1.3 万元，比 2006 年增长了 2.74 倍，但与城市居民收入水平相比仍有较大差距，农民人均纯收入仅占其 1/3 左右（见图 4 - 1）。根据大连、郑州商品交易所有关规定，优质强筋小麦、硬白小麦、黄大豆 1 号、早籼稻、玉米等粮食期货合约交易保证金为合约价值的 5%，仅 1 张合约 10 吨粮食，按照 2012 年小麦、早籼稻最低收购价每 500 克 1.02 元、1.20 元和 2011 年国家临时存储玉米挂牌收购价格平均每 500 克 0.99 元计算，每手需要缴纳交易保证金分别为 1020 元、1200 元、990 元，约占 2011 年农民人均纯收入的比例分别达 14.62%、17.20%、14.19%。由于农民自有资金量少，思想观念较为保守，促使他们成为风险厌恶者，对风险较高的农产品期货市场缺乏参与热情。

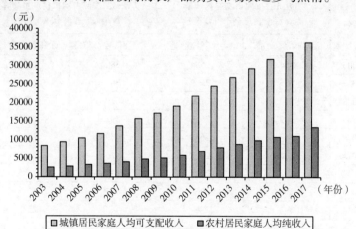

图 4 - 1　2003～2017 年我国城乡居民收入情况比较

资料来源：中国统计年鉴和国家统计局网站。

第三，一家一户分散生产经营模式与期货市场集中大宗交易形式不相适应。根据大连、郑州商品交易所规定，小麦、玉米、早籼稻、黄大豆等农产品期货标准合约要求，一般每次期货市场交易不得少于一手（10吨），但从我国农业生产实际情况来看，一般农户显然难以达到这一要求。我们以两种方法测算一个普通农户全年谷物（或粮食）产量（见表4-4）：第一种方法是按照亩均谷物产量进行测算，第二种方法是按照人均粮食产量测算。结果表明，2006~2017年各年普通农户谷物产量大体上在2500~3000千克、粮食产量大体上在1900~2300千克（见表4-4），远远达不到1张合约10吨（=10000千克）粮食的要求。若剔除农民口粮的话，实际用于加工销售的商品粮数量则更少。而且，农户分散生产经营难以实现规模化、机械化、标准化，一般情况下难以直接进入大中型粮食批发市场和期货市场进行交易。

表4-4　　2006~2017年我国普通农户谷物及粮食产量情况　　单位：千克

年份	方法1：按照亩均谷物产量测算每个农户全年谷物产量		方法2：按照人均粮食产量测算每个农户全年粮食产量	
	亩均谷物产量	全年谷物产量	人均粮食产量	全年粮食产量
2006	354	2584	380	1900
2007	355	2589	381	1905
2008	370	2700	399	1995
2009	363	2651	399	1995
2010	368	2688	409	2045
2011	380	2777	425	2125
2012	388	2834	437	2185
2013	393	2868	443	2215
2014	393	2867	445	2225
2015	399	2912	453	2265
2016	399	2915	447	2235
2017	405	2957	445	2225

说明：按照每个普通农户5口人、人均耕地面积1.46亩测算。

　　第四，农业合作经济组织发展较为滞后。据原农业部、国家工商总局有关统计数据显示，目前全国农民专业合作社数量193.3万家，平均每个村有3家合作社，逐步向一二三产业融合多种功能拓展，向生产、供销、信用业务综合合作演变；入社农户超过1亿户，户占全国农户总量的46.8%。但也要看到，相当一部分合作社存在着经济规模较小、组织管理机构和内部治理机制不健全、部分农民合作意识较为淡薄、运作不规范、利益分配机制不合理、财税金融政策支持力度不够等问题，亟待进一步规范和完善，以充分发挥其在提高农民组织化程度、推动农业结构调整和农产品产销衔接、促进农民持续稳定增收等方面的作用。

　　第五，相当一部分农村地区信息化建设和普及面临着"最后一公里"难题。农产品期货价格本身包含大量信息，"但要理解这个信息背后的含义，还需要更为广泛的专业化信息，否则期货价格本身只是一个简单的数字，无法发挥指导农业生产的意义。"① 目前，广大农户普遍渴望获得农副产品市场供求和价格信息、种养业及病虫害防治等实用科技信息，这些信息对于他们种地卖粮（种什么、种多少；把握卖粮时机）和持续稳定增收非常重要。但是，一些地方政府对于农业农村信息化建设重视不够、宣传教育跟不上、资金投入不足，农业农村信息化建设、应用和管理缺乏统一的发展规划和标准规范；中西部地区很多乡镇尚未建立相应规模的信息站点，普遍缺乏宽带网络接收的基础设施条件；许多农民受自身文化程度较低、思想观念较为保守等方面制约，对信息化发展大趋势缺乏必要的了解，以及农业农村信息技术专业人才严重短缺、培训滞后，从而导致相当一部分农村地区面临着信息化普及"最后一公里"难题。

---

　　① 张辰利等. 农产品期货与农业生产［M］. 北京：金盾出版社，2012：182－185.

第三节　粮食市场调控政策对
期货市场的主要影响

粮食等主要农产品价格政策包括三方面：国内价格政策、对外贸易政策与市场管制政策。

一、粮食主要价格政策

（一）国内价格政策

国内价格政策主要包括价格支持政策和限价政策。

价格支持政策。粮食等主要农产品的支持价格是一种下限价格，即农产品市场价格不得低于国家制定的支持价格。国家确定的目标价格高于市场均衡价格，以达到调节经济生产的手段，只有在市场价格低于目标价格时价格支持政策才起作用。从价格支持政策实践来看，支持价格易造成农产品供过于求，需要政府来收购市场上的过剩农产品。一般地说，这种价格支持会造成社会福利损失，使社会福利在生产者和消费者之间重新分配，导致资源配置低效率和市场扭曲。但是，从国家保护农业的角度来说，价格支持能提高生产者收益，有利于社会公平。

限价政策。政府对实行这种管制措施的农产品规定一个最高价格，但此价格必须是能真实向消费者和生产者提供的最高价格，目的是保护消费者利益。例如，2008 年 1 月 15 日，经国务院批准，国家发展改革委决定对成品粮及制品、食用植物油等部分重要商品及服务在全国范围内实施临时价格干预措施，对达到一定规模的生产、经营企业实行提价申报，对达到一定规模的批发、零售企业实行调价备案。再如，国家发改委、农业部于 2011 年 3 月联合发出紧急通知，要求各地进一步加强种子价格和质量监管工作，建立种子价格应急调控监管预案，必要时可依法采取规定最高限价、限制批零差率等价格干预措施，防止种子价格出现大幅波动。

（二）对外贸易政策

粮食等主要农产品贸易与各国的利益息息相关，一直是各国保护的对象，也带来了大量的国际贸易争端。一国对外贸易政策对农产品市场供求状态影响较大。我国对外贸易政策主要体现在以下两方面。

一是进口管理政策，主要包括进口关税、进口配额、市场准入、技术壁垒等。例如对小麦、玉米、大米等实施进口关税配额管理，进口配额内关税税率为1%～10%不等，进口配额外征收普通关税税率70%～180%不等或最惠国税率10%～65%不等，主要目的就是防止国外粮食大量进口对国内粮食生产形成严重冲击。2004年以来，我国小麦、玉米、大米进口关税配额量一直保持稳定，2018年进口关税配额量分别为963.6万吨、720万吨、532万吨，国有贸易比例分别为90%、60%、50%。再如，我国商务部于2018年6月16日发布《关于对原产于美国的部分商品加征关税的公告》，决定从2018年7月6日起对原产于美国的大豆等农产品、汽车、水产品等进口商品对等采取加征关税措施，税率为25%，涉及2017年中国自美国进口金额约340亿美元。

二是出口管理政策，如实施或取消粮食出口补贴、出口退税等。加入WTO后，按照入世承诺我国取消粮食出口补贴，并从2002年4月1日起对小麦、玉米、大米实行零增值税政策，且出口免征销项税。为缓解当时粮食价格过快上涨势头，在一定程度上抑制粮食出口、保障国内市场供应，经国务院批准，自2007年12月20日起取消小麦、稻谷、大米、玉米、大豆等原粮及其制粉的出口退税。为促进稳定外需、调整出口结构，经国务院批准，自2009年7月1日起我国对部分产品的出口关税进行调整，取消小麦、大米、大豆等粮食产品出口暂定关税。

（三）市场管制制度

市场管制制度，包括市场管制措施、提高市场透明度措施和改善市场技术与基础设施。市场管制是计划经济条件下的产物，目前已很少用这类政策。

二、粮食市场价格政策对农产品期货市场的影响

（一）粮食收储、抛储对农产品期货市场的影响

从政策实践来看，收储阶段政策效应较为明显，但有一个过程，当价格调整到质变阶段时，价格才会止跌回升。市场在粮食价格高涨时政府抛储，一些时候对平抑市场价格效果并不明显，实际上给市场带来更大的价格上涨预期，向外界传递出粮食市场供不应求的信号，造成粮食价格会继续上涨。

从历次玉米、棉花等市场价格政策对期货价格影响的实践来看，可以得出如下规律：第一，在市场预期悲观时，政府收储的政策影响远大于市场情绪高涨时放储的政策影响，即在市场情绪高涨、商品供应紧缺的形势下，放储政策对平抑粮食价格的政策效果不及在粮食价格低位时收储政策对抬高粮食价格作用明显，尤其市场情绪高涨时，抛储政策反而成为拉动粮食价格继续上涨的重要因素。第二，市场调控政策的力度，包括粮食收储量、抛储量，当达到临界点时才可能起到预期作用。

（二）对外贸易政策对农产品期货市场的影响

农产品对外贸易政策将直接对市场供需变化产生影响，从而影响农产品未来价格。例如，2005 年 5 月，《转基因食品卫生管理办法》规定，大豆进口在经历转基因安全证书、标志、进口检验等之后，又增加新变数，市场对进口大豆预期的担心导致大豆期货价格快速上涨。再如，2018 年 3 月以来，中美贸易摩擦不断升级，

在一定程度上影响大豆进口价格和市场预期，加大大豆期货市场价格波动的不确定性。据统计，2017 年我国进口大豆 9554 万吨，其中从美国进口大豆超过 3000 万吨，占比约 1/3。

进口国贸易政策也会对农产品期货市场产生影响。例如，欧盟是世界大豆的主要进口地区，其贸易政策变化对世界大豆市场将产生较大影响。德国等欧盟国家对"基因改良型"大豆进口尤为关注，这些国家的绿色和平组织认为，"基因该改良型"大豆对人体健康存在潜在危害，要求政府制定限制这类大豆进口。这一政策的实施，对世界大豆市场产生重大影响。①

---

① 张辰利等．农产品期货与农业生产［M］．北京：金盾出版社，2012：177－180．

第五章/

粮食价格波动：政策视角

从改革开放之初到目前进入工业化、城镇化、信息化和农业现代化快速推进阶段，我国根据不同阶段粮食供求状态和价格走势，在保证国内粮食基本自给和价格基本稳定的目标下，不断加强和健全粮食宏观调控，为促进农民持续稳定增收、确保国家粮食安全做出了重要贡献。由于特殊的政治经济环境和不同的国情，我国粮食价格体系经历了一个长期而复杂的演变过程。要研究我国粮食波动状态及调控机制，必须清楚了解我国粮食价格体系和粮食价格宏观调控的制度变迁和政策发展。

第一节　粮食价格体制变迁及价格
支持政策演变分析

一、粮食价格体系构成

由于历史的原因，我国粮食的价格体系构成比较复杂，不同类型粮食价格的产生都与其所处的宏观经济环境和粮食供应状况等因素有着密切关系。按照定价主体的不同，粮价体系主要包括政府价格、议购议销价格与市场价格三部分。

（一）政府价格

政府价格是指由国家政府部门根据一定标准或出于某种需要所制定的价格，其形成排除了供求规律对价格的决定作用。相对市场价格而言，政府价格一般比较固定。我国粮食政府价格的表现形式先后有统一收购（统购）价格、统一销售（统销）价格、超购价格、国订定购价格（比例价格）、专储粮收购价格、政府挂牌销售价格和保护价格等。

在政府价格中，国家定购价格和统购价格是一脉相承的。自中华人民共和国成立以来至 1985 年实行"价格双轨制"改革之前，政府需要掌握粮源以保障粮食供应，对粮食的生产与流通采取高度集中的计划管理，国家规定统一的粮食统购价格，对销售也规定统一的统销价格。1985 年之前是统购价格，之后为订购价格。超购价格是 1985 年之前实行的，是对超出统购数量之后的粮食收购所支付的价格，高出同期统购价格的 50%，1985 年之后被取消，并用订购价格取代了统购价铬，成为政府向农民收购粮食的统一价格。专储价格是 1990 年 9 月之后，国家建立粮食的专项储备制度后所实行的价格。粮食统购价格、统销价格和订购价格是全国统一的。国家专储粮收购价格与政府挂牌销售价格，二者不是系统的价格，是国家根据当时的粮食供需状况，针对宏观调控的需要而制定的粮食价格。粮食收购保护价是国家为了保护粮农利益，不低于农民种粮成本，抑制市场粮食价格下滑而制定的最低收购价格。

（二）议购议销价格

议购议销价格亦即"双轨制价格"，是在粮食贸易自由价格的基础上形成的，但又不完全与市贸价格相一致。在实际执行中，议购议销价格存在两种情况：其一是市场交易中真正执行的受市场供求影响的价格，属于市场价格范畴；其二属于政府价格范畴，是政府计算"议转平"补贴时的一种依据，并不在实际交易中执行。

可以说，议购议销价格在一定时期属于政府价格的范畴，在另一时期又属于市场价格的范畴。

议购价格，根据不同地区、不同季节、不同年景、不同品种、不同质量与社会供求状况，按随行就市并略低于市价的原则确定。议销价格，则是按议购价加合理费用与适当利润加以确定。在市场粮食价格上涨幅度较大的区域，粮食部门要以略低于市场的价格适当多销售一部分议价粮，促使市价回落到市场供求平稳的状态上。通过议价购销的吞吐活动，使市贸粮食价格稳定在一定水平上。这样，既有利于粮农发展商品粮生产，又不会增加消费者过多负担。

（三）市场价格

市场价格，是指有形的城乡农产品批发或零售市场的价格，通常情况下以一些大中城市粮食市场的价格为代表。

二、粮食价格支持政策：内涵及手段

粮食支持政策主要包括粮食价格支持政策、粮食生产支持政策、农民收入直接支持政策等，其中粮食价格支持政策是我国农业政策体系的重要内容，也是当今大多数发展中国家运用最多、应用范围最广的农业政策。粮食价格支持政策是价格政策的一部分，认清粮食价格支持政策的演变进程及政策实践效果，对新时期完善我国粮食价格形成机制具有重要的现实意义。

粮食价格支持政策的手段主要包括粮食保护价收购或支持性收购、粮食投入品价格补贴、低于目标价格的差价补贴或差额补贴等三种类型。粮食保护价收购或支持性收购，是指政府通过事先确定的粮食支持价格，规定当粮食市场价格低于其支持价格时，粮农可以支持价格将粮食卖给政府。若粮食市场价格高于支持价格，政府不必干预粮食市场，粮农可以直接随行就市在市场上出售粮食。粮食支持价格，又称保护价格或干预价格，相当于粮食价格下限，往往在粮食收获前确定并公布。国家可通过调整粮食支持价格的高低来发挥其杠杆调节作用。

粮食投入品价格补贴，是指政府对农民购置化肥、种子等农用生产资料提供财政补贴，或向农用生产资料生产厂商提供财政补贴，以使农民付出较低的生产资料费用，降低生产成本。

粮食目标价格是国家在一定时期内，为实现粮食生产稳定发展，保障国家粮食安全，维持粮农合理收益增长，参照粮食价格形成多种因素而制定的一种政策性价格。它是在收购环节合理的价格标准，既不应以低于国际市场价格为标准，也不应与强制性的最高限价相混淆。[①] 差价补贴是指政府每年年初根据工农产品的比价关系确定当年的目标价格，当粮食市场价格高于目标价格时，政府或委托企业按市场价收购、顺价销售，政府无须支付财政补贴；当粮食市价低于目标价格时，政府将按照目标价格和粮食平均市场价格之差对粮农提供补贴。政府通过设定目标价格、支付差价补贴，可以避免使用支持性收购时所致的粮食仓容压力及其额外支出，减轻财政负担。

粮食价格支持手段不止在我国采用，同时被各国或地区广泛运用到农业政策中，这与其具有明显的政策效应密不可分。一是具有增加粮食产量和农民收入的双重效应。粮食生产比较收益低，稳定粮食价格水平，使其在安全的价格区间内小幅波动，是保障粮食生产稳定、确保农民合理收入的重要途径。二是间接调节效应。粮食价格支持政策间接补贴农民，既有利于调动农民种粮积极性，扩大粮食生产，还有利于激励农民不断提高粮食生产技术水平，增加粮食单产。粮食价格支持政策，通过价格机制调节粮食生产者和非农经营者之间的收入分配，有助于缩小城乡居民收入差距。

---

① 程国强. 中国农业补贴制度设计与政策选择［M］. 北京：中国发展出版社，2011：82 – 86.

三、粮食价格体制变迁及价格支持政策演变历程

新中国成立近 70 年来，"伴随着粮食政策变化与粮食流通体制改革，我国的粮食价格走过了一条曲折发展的道路。先后实行过自由购销价、国家牌价、统购统销价、超购加价、合同订购价、国家订购价、市场限价、议购议销价、最低保护价、顺销价等多种粮食价格，是同时期世界上粮食价格变动最多、最复杂的国家。"①从我国粮食生产发展、粮食流通体制改革进程分析来看，粮食价格体制变迁与粮食价格支持政策相互影响、相互促进，其演变历程大体上可分为以下六个阶段。

（一）第一阶段（1949～1953 年前）：实行在国营商业主导下的自由购销政策，促进国民经济恢复

新中国成立伊始，国家对粮食实行的是国营商业领导下的自由贸易，粮价主要由市场形成。当时，粮食产需、供求矛盾十分尖锐，粮食市场上多种经济成分并存，实行自由贸易，私营粮商尚占很大优势。一些投机商乘机囤积居奇，兴风作浪，几度掀起市场粮食价格的剧烈波动。面对严峻的粮食形势，国家在发展粮食生产的同时，采取有效措施尽快扭转市场剧烈动荡的局面，把粮食价格稳定下来，在粮食经营政策上主要把握两个环节：一个是规定适当的公私经营比重；一个是掌握合理的粮食价格水平，发挥国家牌价在市场上的主导作用。这一时期，私营粮食公司在全国粮食收购总量中占 7 成以上，国营粮食公司占比不足 3 成。针对这种情况，国家要加强对粮食市场的宏观调控，粮价的调整权集中到中央。国家通过加强公粮征收、积极开展市场收购与依靠合作社或委托私商代购等多种方式掌控粮源，并择机大量抛售

---

① 张继钢. 我国粮食价格形成机制研究［D］. 北京邮电大学硕士学位论文，2009.

粮食。这些措施对平抑粮价、稳定市场起到了重要作用。"尽管粮食市场秩序逐步好转，但粮食产需矛盾依然十分突出，自由市场、自由价格依然存在，其结果是加剧了粮食供求矛盾，粮食市场依然缺乏稳定。"①这一阶段，国家在粮食价格政策上取得了一些成功经验，为新中国粮食价格形成机制奠定了基础。

（二）第二阶段（1953～1978年底）：实行粮食统购统销政策，保证经济建设和人民生活需要

自1953年起，国家开展了大规模的经济建设，对商品粮的需求日益增长，而当时的粮食生产情况却极不适应。为了消灭粮食投机，搞好粮食分配，稳定粮价，党中央于1953年10月16日作出了《关于实行粮食的计划收购和计划供应的决议》，国家对粮食实行了统购统销政策，将粮食自由贸易改由国家垄断，统一收购，统一销售，统一调拨，统一库存，严禁私营商业自由经营粮食。同时，国家建立了统一的粮食管理机构，粮食购销价格主要是由政府定价，根据具体情况适时调整。1955年，国家对粮食实行定产、订购、定销。1958～1965年，国家先后4次提高粮食统购价格，与1957年相比，1965年粮食统购价格提高35%。1966年国家全面调整粮食价格，提高统购价17.1%，对职工实行价格补贴。此后的十年"文革"时期，国家对物价调整较为慎重，对稻谷、小麦等主要粮食统购价格12年未作调整。

这一阶段，"我国对粮食价格实行高度集中管理。在当时人均占有粮食量低，产需矛盾非常尖锐的情况下，全面实行粮食统购统销政策，粮价完全由国家垄断，以计划方式配置粮食，对于完成国家掌握粮源，缓和粮食产需矛盾，保证国家经济建设与人民基本生活需要，都起到了极其重要的作用。但另一方面，由于粮食价格完全由国家统一制定，违背市场规律，统得过死、管得过严的弊端也

---

① 张继钢. 我国粮食价格形成机制研究［D］. 北京邮电大学硕士学位论文，2009.

逐步凸显，尤其是粮食购销价格长期偏低，工农价格剪刀差与比价不合理的矛盾十分突出，严重影响了粮农的生产积极性，使我国粮食长期处于低水平的紧平衡状态。因此，提高粮食价格水平、改变粮食价格形成机制势在必行。"[①]

（三）第三阶段（1979～1984年）：提高粮食统购价格，改革粮食流通体制

随着1978年党的十一届三中全会召开和整个经济形势迅速好转，粮食流通体制改革逐渐展开。为缓解粮食价格长期偏低不动的境况，1979年国家决定将稻谷、小麦、玉米等6种粮食作物统购价格平均提高20.86个百分点，把超购加价幅度由30%扩大至50%，同时在农村普遍推行家庭联产承包责任制。由于家庭联产承包责任制与提高粮食收购价格的双重作用，极大地解放了农村生产力，长期使人焦虑的农业生产得到全面发展。粮食生产形势和购销形势很好，出现了前所未有的新变化。1978～1984年我国粮食总产量由30476.5万吨增至40730.5万吨，年均增长4.23%。"空前的农业发展成绩和粮食生产的历史性突破，为粮食市场体制改革奠定了物质基础。在坚持粮食统购统销的前提下，粮食分配体制开始由封闭式、单渠道、多层次逐步向开放式、多渠道、少环节转变。1979年，国有粮食部门经允许可按市场价格经营部分粮油，并逐步放开粮食集贸市场，使部分粮价由市场形成，扩大了粮食的市场调节。1983年在坚持计划经济为主、市场调节为辅的经济政策下，国家进一步放开并不断扩大粮食市场，下放粮油议购议销权限，允许农民对完成征购任务后的粮食进行多渠道经营，由此打破了国有粮食部门垄断经营的局面。国家于1984年对小杂粮实行自由购销价格，同时将部分工业用粮改供议价粮，引入了市场机制在粮食价格形成上的作用，扩

---

① 张继钢. 我国粮食价格形成机制研究［D］. 北京邮电大学硕士学位论文，2009.

大了市场调节范围，初步打破了完全由国家定价的计划经济模式。与此同时，大幅度提高粮食收购价格，与 1978 年相比，1984 年粮食收购价格提高98％。"①

　　这一阶段，是我国粮食价格形成机制由政府定价向市场调节的破冰过程。国家不断缩小粮食供应范围，建立地方周转库存，并通过进出口调节国内粮食市场（见表5－1）。国家在粮价政策上摸索出了一些宝贵经验，但由于这一阶段粮食价格仍然是在实行统购统销的政策环境下进行的，市场调节在粮食价格形成上只起了辅助作用，"市场看不见的手"对资源配置的基础性作用与对粮食生产、流通、消费的引导作用仍然得不到正常发挥，政府定价不能真实地及时地反映粮食供求关系，因而对粮食价格形成机制进行改革势在必行。

表5－1　　　　　1978～1984 年国有粮食企业购销及进出口量　　　单位：万吨

年份	收购量	销售量	库存变化量	累计变化量库存	进口量	出口量
1978	5110.15	5343.45	－233.30	——	——	——
1979	5929.00	5679.05	245.95	12.65	1000	
1980	5882.10	6416.80	－534.70	－522.05	1444	156
1981	6225.50	7223.25	－967.75	－1489.80	1444	98
1982	7367.45	7710.40	－342.95	－1832.75	1608	78
1983	9879.55	8003.20	1876.35	43.80	1349	110
1984	11165.85	10417.85	748.00	791.60	1037	313

资料来源：历年《中国粮食发展报告》。

　　（四）第四阶段（1985～1995 年）：实行粮食价格双轨制，积极探索粮食购销市场化的改革路径

　　这一阶段国家对粮食价格政策作了重大调整，其核心是放开

①　王涛. 粮食价格形成机制与调控办法研究［D］. 吉林大学硕士学位论文，2005.

与群众关系不大的小品种粮食价格，以使更多的粮食品种参与到市场调机制。为了改革高度统一的粮食统购统销体制，扩大市场调节范围，1985 年国家取消了粮食统购，改为合同订购。同时，调整农村粮油购销价格，改变农村粮油购销倒挂的不良状况。1989 年又改为国家订购，定购的品种为稻谷、小麦、玉米、大豆。稻谷按"倒二八"比例计价，小麦、玉米定购价实行"倒三七"计价，大豆按原购价不变。订购以外的粮食自由购销。此后，国家数次调整和完善粮食合同订购制度，逐步缩小计划调节范围，扩大市场调节范围；提高粮油合同订购价格和统销价格，使粮油订购价逐步接近市场价，逐步改变粮食购销价格倒挂状况；为了统筹兼顾生产者、经营者和消费者之间的利益，这一阶段实行粮食订购"三挂钩"生产补贴政策，即粮食订购数量要分别与平价化肥、柴油与发放预购定金挂钩，使农民多生产多上缴粮食、多增加收入。1992 年国家采取"购销联动"的方式，在适当提高粮食订购价格的同时，按照购销同价原则，提高粮食统销价格。1992 年党的十四大报告明确提出"我国经济体制改革的目标是建立社会主义市场经济体制"，粮食流通体制改革也出现了新进展。1993 年 2 月，国务院发出《关于加快粮食流通体制改革的通知》，提出在国家宏观调控下积极稳妥放开粮食价格和经营，实行"保量放价"政策，保留粮食订购数量，放开粮食销售价格，粮价随行就市（见表 5 - 2）；为防止"谷贱伤农"或粮价暴涨，保护生产者和消费者利益，各地在必要时应制定粮食收购的最低保护价或销售的最高限价，并相应承担财政责任；继续实行和改进粮食订购"三挂钩"政策，将化肥、柴油由实物奖售改为平议差价补贴，付给出售订购粮食的农民。与之相对应的是，粮食价格补贴开始由补贴粮食企业经营费用与购销差价为主的方式转向补贴粮食企业等流通环节。

表 5 - 2　　　　　1991～1992 年平价和议价粮销售数量　　　　单位：万吨

项目名称		1991 年		1992 年	
		合　计	其中：平价	合　计	其中：平价
总　计		10433.0	7437.8	9000	5183.6
非农业销售	合　计	7136.2	5492.0		3798.1
	定量人口口粮	5295.2	4883.8		3230.4
	食品业用粮	467.0	279.2		123.5
	副食、酿造业用粮	137.9	56.9		23.9
	事业用粮	98.8	98.8		58.3
	以工代赈粮	25.7			
	工业用粮	321.5			
	非农业饲料	78.2	78.2		55.2
	其他	711.9	95.1		306.8
农业销售	合　计	3296.8	1945.8		1385.5
	农业人口口粮	1940.2	1423.3		994.1
	农业饲料	1199.0	364.9		309.6
	其中：猪饲料	125.1	125.1		112.5
	其　他	54.1	54.1		60.2
	糖奖粮	103.5	103.5		21.6

资料来源：国家粮食局。

　　粮食部门改革也开始加快，粮食经营实行政策性业务与商业性经营两条线运行机制，承担政策性经营业务所需费用依财政隶属关系分别由中央和地方财政给予相应补贴。建立粮食收购保护价格制度和粮食风险基金制度，建立粮食专项储备制度，初步形成以国家储备为中心，中央和省（区、市）两级为主的多层次粮食储备体系[①]（见表 5 - 3）。

---

　　①　程国强. 中国粮食价格调控目标、机制与政策 [M]. 北京：中国发展出版社，2012：22.

表 5 – 3 　　　　　1991～1998 年国家订购、市场销售

和专储收购粮食数量　　　　单位：万吨

年　份	订购量	市场纯购进	专项储备粮收购
1991	4749.3	5151.3	1522.4
1992	4534.4	5151.9	728.05
1993	5066.1	3926.0	241.85
1994	4464.1	4495.8	266.5
1995	4617.8	4626.0	200.0
1996	5012.5	4738.9	2168.4
1997	4549.0	6249.0	737.4
1998	4020.2	5625.1	9.2

资料来源：国家粮食局。

　　1994 年，大幅提高粮食定购价格和城镇居民口粮销售价格，并把国家订购价格和城镇居民口粮销售价格收归国家统一规定（见表 5 –4）。由于 1994 年稳定市场、抑制通胀的压力较大，国家加强了粮食市场管理，粮食价格改革步伐放缓。1995 年，国家又恢复并强化了定购政策，进一步强调坚持和完善省长、自治区主席、直辖市市长负责制，明确划分中央与地方粮食事权，搞好两级总量平衡，将粮食部门政策性业务与商业性经营分开，实行"两条线运行"，并建立精干、高效、责权统一的中央粮食调节管理系统。

表 5 –4　　　　1993～1997 年平价、议价和政策性粮食销售数量　　单位：万吨

项　目	平价和议价销售			政策性销售	
	1993 年	1994 年	1995 年	1996 年	1997 年
合　计	6700.30	7648.40	7107.10	2665.50	1878.20
城镇人口口粮	2957.60	4201.50	3908.50	1841.20	788.90
农村人口口粮	1141.50	1290.40	1256.30	441.00	276.50

项　目	平价和议价销售			政策性销售	
	1993 年	1994 年	1995 年	1996 年	1997 年
其中：救灾粮		419.90	308.70	164.90	13.10
水库移民		30.60	41.60	28.60	53.30
常年缺粮		132.50	198.00	90.20	72.50
食品业用粮	459.90	372.60	272.10		
事业用粮	71.70				
财政供应	0.00	145.70	130.00	129.20	87.10
工业用粮	339.60	457.50	309.60		
饲料用粮	922.80	939.00	1042.60		
以工代赈粮	40.80				
其他	766.40	241.70	188.00	254.10	725.70

资料来源：国家粮食局。

在此期间，在粮食市场体系建设方面取得重要进展。1985 年以后，随着统购统销制度的取消和多渠道经营的放开，粮食初级市场建设发展较快。1990 年全国粮食大丰收，国家鼓励建立粮食批发市场，各地先后兴办起一批粮食批发市场。1993 年郑州粮食批发市场开始粮食期货交易，随后上海粮油商品交易所、大连商品交易所等也纷纷开业经营粮食期货交易，在全国范围内形成了国家级批发市场、区域性批发市场、集市贸易和期货市场相互配套的粮食市场体系雏形。在建立社会主义市场经济体制的大背景下，彻底结束了 40 年来的粮食统购统销制度，对放开粮食购销市场与价格进行了有益的探索和尝试。

（五）第五阶段（1996～2003 年）：按照保护价敞开收购农民余粮，向市场形成价格转轨

1996 年，国家进一步提高粮食订购价格，并稳定与降低化肥

销售价格，调动农民粮食生产积极性。粮食订购价格实行国家指导下的省（区、市）人民政府定价。当年我国粮食产量首次突破1万亿斤大关，粮食供给形势明显好转。1998年粮食产量再创历史新高，连续几年的粮食大丰收，使我国粮食供求状况发生了历史性变化，已由长期短缺变成总量大体平衡、丰年有余，粮食生产结构性矛盾日益突出，出现了阶段性、结构性的供大于求局面，粮食优质品种相对不足，一些粮食品种销售不畅，库存大量积压，财政补贴负担过重。1997年8月，《国务院关于按保护价敞开收购议购粮的通知》要求，"在农业丰收情况下，要按保护价敞开收购议购粮""对农民留足口粮、种子粮、饲料粮和必要的储备粮以外的余粮，要坚决做到按保护价敞开收购，不拒收、不限收、不停收、不打白条，并不得代扣各项提留款"。1998年5月，《国务院关于进一步深化粮食流通体制改革的决定》提出，加快粮食流通体制改革步伐，改革的原则是"四分开一完善"，即实行政企分开、中央与地方责任分开、储备与经营分开、新老财务账目分开，完善粮食价格机制，更好地保护农民的生产积极性和消费者的利益。1998年11月，国务院印发《当前推进粮食流通体制改革的意见》提出，粮食流通体制改革要贯彻落实"三项政策，一项改革"，即按保护价敞开收购农民余粮、粮食收储企业实行顺价销售、粮食收购资金封闭运行和加快国有粮食企业自身改革，使国有粮食收储企业真正建立起自主经营、自负盈亏的新机制，形成秩序井然的粮食收购市场，确立地方政府层层负责的粮食工作行政首长责任制。其中，小麦、玉米、稻谷和大豆等品种按保护价敞开收购，收购价格由各省政府自行制定；禁止国有粮食购销企业以外的单位与个人到农村收购粮食，市场机制在收购价格的形成上发挥的作用很小；顺价销售要按收购保护价加各项费用来制定销售价格，不顺价不允许销售。这项政策又加强了国家对粮食价格的管理与控制，弱化了市场机制在粮价形成上的作用。特别是这一时期粮食收购保护价定得较高，远超出市场价，大大调动了农民种粮积极性，但不可避免的是降低了农民寻求市场的机会，造成购销价格倒挂。与此同时，国务院还要求各地区完善粮食风险基金的使用办法，根据全国粮食供求和产销情况及时调整使用的重点；各级政府要在财政支出中优先安排粮食风险基金，督促财政部门将超储库存和省级储备粮油的利息、费用补贴及时拨补到位；在当前粮食产区库存压力较大、财政负担较重的情况下，中央财政拨补的粮食风险基金要集中用于粮食主产区。

1999 年 5 月，《国务院关于进一步完善粮食流通体制改革政策措施的通知》要求，适当调整粮食保护价收购范围，黑龙江、吉林、辽宁省以及内蒙古自治区东部、河北省北部、山西省北部的春小麦和南方早籼稻、江南小麦，从 2000 年新粮上市起退出保护价收购范围。2001 年 11 月，我国加入世界贸易组织（WTO）。面对入世后给我国粮食产销带来的机遇和挑战，以及粮食生产和流通出现的新情况新变化，2001 年 7 月出台的《国务院关于进一步深化粮食流通体制改革的意见》指出，在国家宏观调控下，充分发挥市场机制对粮食购销和价格形成的作用，完善粮食价格形成机制，稳定粮食生产能力，建立完善的国家粮食储备体系和粮食市场体系，逐步建立适应社会主义市场经济发展要求和我国国情的粮食流通体制。改革的思路是"放开销区、保护产区、省长负责、加强调控"。为此，各省（区、市）纷纷加快粮食购销市场化改革步伐，截至 2003 年底，全国 18 个省（区、市）放开了粮食收购价格与市场，其余 9 个粮食主产省也缩小了粮食保护价收购的范围与数量，向全面放开粮食收购价格和市场迈出了坚实一步，市场调节在粮食价格形成中已跃居主要地位。①

这一阶段，粮食保护价政策扭曲了市场价格信号，使农民种粮向保护品种倾斜，较少考虑市场需求。实际上，随着种粮结构的调整，原保护品种粮食出现供过于求的状况，加之保护价收购

---

① 王涛. 粮食价格形成机制与调控办法研究［D］. 吉林大学硕士学位论文, 2005.

粮食不讲质量，最终使得不适销低质量粮食大增，占据很大仓容，也占用大量资金，使得一些地方政府的粮食风险基金难以配套落实，进而很多国有粮食企业无法继续按保护价敞开收购农民余粮。同时，由于保护价政策是以国有粮食企业为中介的间接补贴方式，国家除需支付粮农差价补贴外，国家还要承担国有粮食企业因不适销低质量粮食压库所致的巨额利息、保管费用和代价处理损失等，政策实施成本巨大，粮食价格支持政策由间接补贴向直接补贴的改革势在必行。这一阶段主要实行粮食流通环节补贴的粮食价格支持政策，在实施过程中没有达到预期的效果。"我国粮食保护价收购的主体是国有粮食收购企业，它既承担着按保护价敞开收购农民手中余粮的职能，也承担着顺价销售粮食的企业经验职能。其结果是，在实际运行过程中，相当一部分补贴在中间环节流失，农民从补贴中得到好处不多。此外，对农业生产资料的补贴，如对化肥生产用电优惠补贴，政府的本意是鼓励企业生产、保证市场供应、稳定市场价格、让利于民，而有些企业不但没有让利于民，反而从中获利，拿着国家的补贴，向农民卖高价。"[①]

与此同时，我国粮食价格形成由价格双轨制向市场形成价格全面转轨。粮食收购价格在销区放开和在主产区进行放开试点，为在全国全面放开粮食购销市场和价格积累了经验，创造了条件。在取得实质性进展的同时，也存在一些问题，由于政府对粮食价格认识分歧，粮食价格形成机制改革出现了反复，国家曾一度又恢复了对粮食购销的管理与直接干预，1996～2002 年 6 年间市场粮食价格持续低迷，粮食购销价格倒挂，国有粮食企业严重亏损，但这也为后来的粮食价格改革提供了理论与实践基础。

---

① 赵地. 完善我国农产品价格支持政策的几点思考 [J]. 价格理论与实践，2009 (11)：29－30.

（六）第六阶段（2004 年至今）：全面放开粮食市场和价格，实施粮食最低收购价和临时收储政策、目标价格改革试点、市场化收购＋生产者补贴等

随着我国农业产业结构调整，粮食播种面积自 1999 年始逐年减少，粮食产量连年减产，粮食产需形势开始转向产不足需。2003 年末至 2004 年初，粮食价格较大幅度上涨，并带动整个农副产品价格上扬。为此，充分吸取上一阶段粮食价格支持政策本身的设计弊端及政策执行效果，国务院于 2004 年 5 月和 6 月先后出台《粮食流通管理条例》和《关于进一步深化粮食流通体制改革的意见》，提出放开粮食收购市场与价格，粮食收购价格由市场供求形成，强调在国家宏观调控下，充分发挥市场机制在配置粮食资源中的基础性作用，实现粮食购销市场化和市场主体多元化。同时，中央从粮食风险基金中拿出部分资金用于对粮农的直接补贴，财政补贴由粮食流通环节补贴转向粮食收购价格支持、粮食生产支持和对农民直接补贴等多方面的粮食支持政策。为了更好地保护农民利益，2004 年、2006 年国家先后对重点地区稻谷、小麦实行最低收购价政策，尤其是 2008 年以后我国多次上调小麦、稻米最低收购价格，在稳定市场粮价、促进农民持续稳定增收等方面发挥了重要作用。数据显示，2014 年白小麦、红小麦、混合麦、早籼稻、晚籼稻、粳稻最低收购价达到 2004 年以来最高点，每千克分别为 2.36 元、2.36 元、2.36 元、2.70 元、2.76 元、3.10 元，分别比最低收购价实施初期上涨了 63.9%、71.0%、71.0%、92.9%、91.7%、106.7%；2018 年上述品种最低收购价又分别降至每千克 2.30 元、2.30 元、2.30 元、2.40 元、2.52 元、2.60 元，分别比 2014 年下降 0.06 元、0.06 元、0.06 元、0.30 元、0.24 元、0.50 元（见表 5-5）。2018 年 5 月，按照国家发展改革委、国家粮食和物资储备局等六部门《关于印发小麦和稻谷最低收购价执行预案的通知》要求，小麦预案执行区域为河北、江苏、安徽、山东、

河南、湖北6省，执行时间为当年6月1日至9月30日；早籼稻
预案执行区域为安徽、江西、湖北、湖南、广西5省（区），执行
时间为当年8月1日至9月30日；中晚稻（包括中晚籼稻和粳稻）
预案执行区域和时间为：江苏、安徽、江西、河南、湖北、湖南、
广西、四川8省（区）当年10月10日至次年1月31日，辽宁、
吉林、黑龙江3省当年11月1日至次年2月末。其他省（区）是
否实行最低收购价政策，由省级人民政府自主决定。

表5-5　　　2004~2018年我国粮食最低收购价变化情况 单位：元/千克

年 份		小 麦			稻 米		
		白小麦	红小麦	混合麦	早籼稻	晚籼稻	粳稻
2004		—	—		1.40	1.44	1.50
2005		—	—		1.40	1.44	1.50
2006		1.44	1.38	1.38	1.40	1.44	1.50
2007		1.44	1.38	1.38	1.40	1.44	1.50
2008	年初	1.50	1.40	1.40	1.50	1.52	1.58
	新粮上市前	1.54	1.44	1.44	1.54	1.58	1.64
2009		1.74	1.66	1.66	1.80	1.84	1.90
2010		1.80	1.72	1.72	1.86	1.94	2.10
2011		1.90	1.86	1.86	2.04	2.14	2.56
2012		2.04	2.04	2.04	2.40	2.50	2.80
2013		2.24	2.24	2.24	2.64	2.70	3.00
2014		2.36	2.36	2.36	2.70	2.76	3.10
2015		2.36	2.36	2.36	2.70	2.76	3.10
2016		2.36	2.36	2.34	2.66	2.76	3.10
2017		2.36	2.36	2.36	2.64	2.72	3.00
2018		2.30	2.30	2.30	2.40	2.52	2.60

资料来源：根据国家发展改革委网站相关资料整理。

与此同时，还建立、完善农业补贴政策，包括实施种粮农民直接补贴、农资综合补贴、良种补贴和农机具购置补贴，以及对产粮大县实施奖励政策等。此外，2004 年国家开始实行减征或免征农业税的惠农政策，并进行农业税减免试点。试点范围迅速扩大，到 2005 年全国 28 个省份全面取消了农业税，近 8 亿农民直接受益。2006 年在全国范围内取消农业税，自此延续了 2600 年的"皇粮国税"——农业税退出了历史舞台。

从政策实践来看，与粮食购销市场化改革相适应，面对粮食供求形势的新情况，各地区、各部门进一步完善有关配套政策，不断加强粮食宏观调控，在保护农民利益、完善地方粮食储备体系、加快国有粮食购销企业改革、积极掌握粮源、建立产销区粮食购销协作关系、培育粮食市场化体系、推进粮食产业化经营等方面取得积极进展。尤其是这一阶段取消农业税、对种粮农民实施多项补贴、实施粮食最低收购价等支农惠农强农政策，是在我国粮食产量 1999~2003 年连续 5 年减产和市场供求波动较大的情况下，在国家加大对"三农"的支持力度和加快粮食流通体制改革的背景下实施的。从实施效果来看，近些年粮食最低收购政策的实施，调动了农民种粮的积极性，对增加农民收入、维护粮农利益、促进粮食增产、保持市场价格稳定和保障国家粮食安全等方面发挥了重要作用。

另外，从 2008 年起对东北三省和内蒙古玉米、大豆实行临时收储政策。其中，黑龙江、吉林、辽宁、内蒙古玉米临储价格每千克从 2008 年 1.48 元、1.50 元、1.52 元、1.52 元，逐渐上涨至 2013 年的 2.22 元、2.24 元、2.26 元、2.26 元，涨幅分别为 50.0%、49.3%、48.7%、48.7%；2014 年玉米临储价格保持不变，2015 年下调至 2.00 元，分别比上年下调 0.22 元、0.24 元、0.26 元、0.26 元；相邻等级之间差价按每千克 0.04 元掌握，但不同省（区）之间与往年相比不再有地区差价（见表 5-6）。总体上看，2008~2015 年在东北三省和内蒙古实施玉米临储政策，对于调动农民种粮积极性、促进农民持续增收、保持粮食市场基本稳定、确保国家粮食安全等方面发挥了积极作用，但随着国内外经济形势和粮食供需格局发展变化，玉米供大于求局面逐步凸显，超过2亿吨的玉米库存如何消化、国内外玉米价差扩大、财政补贴负担沉重、粮食企业经营困难等一系列问题亟待解决。为此，从2016年起取消东北三省和内蒙古玉米临储政策，按照"市场定价、价补分离"的原则，实施"市场化收购+生产者补贴"，即玉米价格由市场形成，生产者出售玉米随行就市，各类市场主体自主入市收购，同时对玉米生产者给予一定的财政补贴，合理调减非优势产区玉米种植面积，以保护东北玉米优势产区种植收益。

表 5 – 6　　　　　　2008～2015 年东北三省和内蒙古
玉米临储价格变化情况　　　　单位：元/千克

年份	黑龙江	吉林	辽宁	内蒙古
2008	1.48	1.50	1.52	1.52
2009	1.48	1.50	1.52	1.52
2010	1.78	1.80	1.82	1.82
2011	1.96	1.98	2.00	2.00
2012	2.10	2.12	2.14	2.14
2013	2.22	2.24	2.26	2.26
2014	2.22	2.24	2.26	2.26
2015	2.00	2.00	2.00	2.00

资料来源：根据国家发展改革委、国家粮食局等网站有关数据整理而成。

为遏制大豆种植面积过快下滑，防范大量进口大豆严重冲击国内市场，从2008年起东北三省和内蒙古大豆实施了6年临时收储政策，2008～2013年大豆临储价格每吨分别为3700元、3740元、3800元、4000元、4600元、4600元，大体上呈逐步上涨趋势。到

2014 年取消大豆临储政策，转为进行目标价格改革试点，综合考虑大豆成本收益、市场供求、国内外市场价格等方面因素，2014 ～ 2016 年大豆目标价格均为每吨 4800 元。总体上看，大豆目标价格改革试点三年取得一定成效，实现了大豆价格完全由市场形成，遏制了大豆种植面积快速下滑势头，减轻了财政补贴负担，保护了种豆农民根本利益。数据显示，2016 年东北三省和内蒙古大豆种植面积比试点前增加 15%；2016 年末大豆批发价格降至每吨 3900 元以下，比试点前下降近 900 元，降幅达 18.7%。从 2017 年起，大豆目标价格政策调整为"市场化收购＋生产者补贴"机制，鼓励多元市场主体积极入市收购，促进种植结构调整，不断提高大豆产业竞争力。

第二节 实施粮食目标价格补贴政策

改革开放以来，随着我国粮食流通体制改革不断深化，粮食购销市场先后经历了统购统销价格、收购保护价、最低收购价和农业"四补贴"等不同价格形式和补贴模式。早在《国家粮食安全中长期规划纲要（2008—2020 年)》和《全国新增 1000 亿斤粮食生产能力规划（2009—2020 年)》中，均明确提出了建立粮食目标价格的要求，"探索研究目标价格补贴制度，建立符合市场化要求、适合中国国情的新型粮食价格支持体系""探索建立以目标价格为核心的反周期补贴制度，充分发挥市场机制的作用"。2014 年，根据中央"一号文件"《关于全面深化农村改革加快推进农业现代化的若干意见》要求，"启动东北和内蒙古大豆、新疆棉花目标价格补贴试点，探索粮食、生猪等农产品目标价格保险试点"，把有限的财政资金用在刀刃上，提高财政补贴资金使用效率和效益，确保国家粮食安全和农民持续稳定增收。

一、粮食目标价格与最低收购价的主要区别

目前，粮食目标价格尚未有一个完整统一的定义，社会各界看法不一，不同专家学者分别从价格属性（上限价格、标准价格）、作用机制、政策目标等角度进行界定。笔者认为，粮食目标价格是一种上限价格和政策性参考价格，是一国（或地区）为稳定粮食生产、促进农民持续增收和保障国家粮食安全，充分考虑影响粮食价格形成的各种因素后而制定的基准价格。在市场价格低于或高于目标价格时，按照差价补贴种粮农民或低收入消费者。总体上看，粮食目标价格和最低收购价均有保护种粮农民利益、保障粮食价格稳定的作用，但二者也存在着明显的差别，主要表现在以下几方面。

（一）价格性质不同

从形式上看，两种价格都是财政对粮食生产者提供价格补贴，但二者本质不同。粮食最低收购价作为政府"托市价格"，对市场价格进行直接干预，是实际交易价格，由政府确定而非市场供求关系确定。与此相比较，粮食目标价格是一种政策性参考价格、基准价格、预期价格，不是市场交易的实际价格，而是用于核定给农民差额补贴的价格标准，实行"价外补贴"和"价补分离"，不直接干预市场，对市场价格进行间接调控，不影响农民卖粮价格，卖出价由市场的供求关系决定。

（二）作用机制不同

目标价格在农作物播种之前公布，以引导农业生产合理均衡，并以其作为参考标准与市场价格进行比较，当粮食市场价格低于目标价格时，粮农仍按市场价格随行就市销售，二者差价由政府根据粮食产量提供补贴。这种做法在有效保障农民种粮基本收益的同

时，又不损失市场对农业资源的基本配置作用，还能减轻政府的财政压力和仓容压力。而最低收购价政策则是当市场粮价低于最低收购价时，中储粮公司委托收储库点或其他有收储资质的企业入市收购，发挥"托市"作用，保护种粮农民利益的代价是市场扭曲和效率损失严重，政府收储压力日益增大。

（三）　实施品种和地区范围不同

根据 2014 年中央"一号文件"要求，"启动东北和内蒙古大豆、新疆棉花目标价格补贴试点，探索粮食、生猪等农产品目标价格保险试点"。2004 年 5 月，国务院《关于进一步深化粮食流通体制改革的意见》提出，"当粮食供求发生重大变化时，为保证市场供应、保护农民利益，必要时可由国务院决定对短缺的重点粮食品种，在粮食主产区实行最低收购价"。显然，实施目标价格与最低收购价的品种范围不同。

二、我国实施粮食目标价格制度的必要性

2004 年以来，我国粮食产量实现"十二连增"，2017 年达 61791 万吨，比 2003 年增加 18722 万吨、增长 43.5%。与此同时，农民人均纯收入较快增长，2017 年达 13432 元，比 2003 年 2622 元增长 4.1 倍。以粮食最低收购价、临时收储、粮食直补为主体的粮食价格支持政策在促进粮食稳产增产、农民持续稳定增收、增强粮食宏观调控能力和保障国家粮食安全等方面发挥了积极作用，取得了明显效果。现行最低收购价与临时收储等粮食价格支持政策运行已十多年，在国内外粮食产销形势发生重大变化的新形势下，诸多新问题、新矛盾逐步显现，迫切需要进行制度改革。然而，构建以粮食目标价格制度为核心的粮食价格支持体系也面临着诸多方面的挑战。

（一）粮食生产的外部形势发生重大变化的客观要求

粮食价格形成机制改革至今，我国粮食供需格局发生了重大变化：一方面，随着工业化、城镇化的稳步推进，人口持续增长以及食品消费结构不断升级，我国粮食消费需求呈现刚性增长态势。据《中国农业展望报告（2017—2026）》称，未来10年我国大米、小麦消费总量保持小幅增长，年均增速分别为0.5%、0.7%，玉米消费总量继续保持较快增长，年均增速为2.8%。但与此相反，我国面临着耕地质量下降、水资源短缺、部分粮食品种对外依存度过高、资源要素向高效非农部门转移等一系列问题。如何统筹利用国内外两种资源、两个市场是今后进一步扩大农业对外开发的战略选择。另一方面，我国已处于现代农业转型关键期。与先前散户为主的传统耕作模式不同的是：目前家庭农场、种粮大户、农民专业合作社等新型农业经营主体逐渐成为粮食稳产增产的主力军。据有关部门统计，截至2016年末，我国家庭农场、农民合作社、农业产业化组织分别达87.7万个、179.4万个、38.6万个，合计达305.7万个，新型职业农民数量超过1270万人。不断壮大的新兴经营主体和不断创新的经营形式，迫切要求粮食流通规模不断扩大，也迫切要求市场机制在粮食价格形成中越来越发挥决定性作用。在新国情、新农情、新粮情下，我国必须进一步深化现行粮食价格形成机制改革，与新变化、新情况相适应，粮食目标价格改革、市场化收购＋生产者补贴在一些地区进行积极探索和试点。

（二）现行粮食价格支持政策不适应新形势的要求

近年来，作为价格行政干预的措施，粮食最低收购价和临时收储等托市收购政策对市场扭曲和效率损失日益增大，对农民种粮激励效应边际递减现象显现，并在政策执行中暴露出一些缺陷和不足。从2008年起，国家连年提高最低收购价和临时收储价，托市收购政策使稻谷价格累计提高90%以上、小麦价格累计提高60%

以上、玉米价格累计提高 50% 以上，严重干预了粮食价格的市场形成。一方面，粮食财政负担沉重、仓容紧张凸显；另一方面，导致产销区粮食价格倒挂、原粮和产品粮价格倒挂、国内外粮食价格倒挂等反常现象。

（三）政策利益主体多元化导致政策执行成本较高

对政策执行各利益主体分析后发现，现行粮食托市收购政策具体执行存在漏洞。对粮食最低收收购价政策而言，所涉及的利益主体包括：粮农、粮食经纪人、流通部门、粮食消费者和政府部门，粮食价格自然也就成了各方利益调节的均衡点。由于利益主体数量多，且各利益主体性质不同，出发点不一，"多元主体在一定程度上增加了对市场的控制，增强农民和下游企业的不稳定预期，提高政策执行与监督成本，增强宏观调控的复杂性。"国有粮食购销企业作为最低收购价的政策执行主体，通过政策性收购与市场化购销双线操作，承担着政策与市场的双重身份，转移了企业外部的市场竞争压力，弱化了企业的竞争意识。同时，由于最低收购价格干预了市场价格，政府在"促增收"与"稳粮价"的双重压力下，调控难度增加，对粮食企业改革和粮食市场机制作用产生负面影响。

（四）加大财政支出压力

近年来，我国农业财政支出规模不断扩大，有力地促进了粮食持续增产和农民稳定增收。据统计，2013 年农业财政支出超过 1.3 万亿元，比 2003 年增长 6.54 倍，占财政支出的比重达 9.5%，分别比 2003 年和 2007 年高出 2.4 个百分点和 2.7 个百分点。但也要看到，我国农业基础仍然十分薄弱，与实现"新四化"同步发展的战略要求相比，与现代农业发展的客观需要相比，需要财政补贴的领域和环节仍然较多，比如粮食安全、农民增收、资源节约、环境保护、农业综合开发与市场竞争力等，农业补贴资金需求很大，进一步加大财政支出压力。

三、我国实施粮食目标价格的现实困难

(一) WTO 黄箱政策限制

2001 年 12 月，我国加入世界贸易组织（WTO）。《WTO 农业协定》将农业支持和保护政策措施（即农业国内支持）分为绿箱政策、黄箱政策和蓝箱政策等几种类型，其中黄箱政策容易引起农产品生产和贸易扭曲、需要各成员方作出削减和约束承诺。具体包括：（1）价格支持；（2）营销贷款；（3）面积补贴；（4）牲畜数量补贴；（5）种子、肥料、灌溉等投入补贴；（6）某些有补贴性质的贷款计划。2016 年，我国农业"三项补贴"（种粮直补、良种补贴、农机具购置补贴）改革工作在 2015 年试点基础上在全国全面推开，农业"三项补贴"合并为农业支持保护补贴，政策目标调整为"耕地地力保护和适度规模经营"。据统计，从 2002～2004 年农业"三项补贴"不足 150 亿元，快速增加到 2015～2017 年合计接近 4300 亿元，增加了近 30 倍。而粮食目标价格补贴制度就属于"黄箱"政策，《WTO 农业协定》允许各成员使用少量的"黄箱"政策补贴（即微量许可），按照发达国家、发展中国家不超过其农业生产总值的 5% 和 10%，则无须进行削减，而我国微量许可则仅有 8.5%，介于发达国家和发展中国家之间。

(二) 粮食生产完全成本准确测算难度较大

目标价格差价补贴政策覆盖的农产品范围有多大，目标价格该如何准确确定，对农民与消费者如何补贴，如何处理目标价格与国际价格的关系等，这些都需要坚实的数据支撑。尤其是粮食生产成本，实行科学、全面、准确的测算难度较大。一般来讲，农业和粮食生产周期较长，众多农户家庭分散经营仍广泛存在，家庭用工具有零碎、分散、时断时续的特征，而且随着工业化城镇化加快推进，还出现了一些兼业农民和两栖农民——农忙时在家务农、农闲

时外出务工，从而导致劳动成本工时数和机会成本等难以做到精确统计；粮食生产中资源环境成本尚未完全在粮食价格中反映出来，尤其是部分地区水资源浪费严重、过度使用化肥农药、土壤重金属污染等问题突出，加快自然资源及其产品价格改革，全面反映市场供求、资源稀缺程度、生态环境损害成本和修复效益已成为现实所迫和大势所趋。

（三）财政收入增长总体放缓，财政收支平衡压力较大

受近年来我国经济增长放缓、房地产市场不景气、营改增改革等因素影响，2012～2017年我国财政收入增速明显下降，分别比上年增长12.9%、10.2%、8.6%、5.8%、4.5%和7.4%，明显低于"十五"时期平均增速18.8%和"十一五"时期平均增速21.3%。从财政收支比较来看，2012～2017年全国一般公共预算支出分别为12.6万亿元、14.0万亿元、15.2万亿元、17.6万亿元、18.8万亿元和20.3万亿元，分别比一般公共预算收入多0.87万亿元、1.10万亿元、1.14万亿元、2.36万亿元、2.83万亿元和3.08万亿元。另据长江产业经济研究院研究员陈柳带队调研结果显示，[1] 截至2016年底，仅地方融资平台总负债就高达30.27万亿元，如果加上2016年底15.32万亿元的地方债券余额、12.59万亿元的国债余额，全部纳入政府杠杆率计算，中国政府负债率就远超60%的风险预警线。

四、建立农产品目标价格制度的顶层设计

目前，我国继续坚持和完善小麦、稻谷最低收购价政策；坚持"市场定价、价补分离"原则，对东北三省和内蒙古玉米、大豆实行"市场化收购＋生产者补贴"机制。今后，探索建立和完善粮

---

① 降蕴彰. 地方债高悬之忧：隐性债务的水有多深［N］. 财经网，2018.7.10.

食等主要农产品目标价格制度，是一个复杂的系统工程。在条件允许、时机成熟的情况下，可考虑对部分地区小麦、稻谷进行目标价格改革试点，若试点成功再逐步推广开来。必须坚持正确的目标原则和科学的思路，建立健全目标价格制度。

（一）主要目标

从我国的农情粮情及深化经济体制改革的需要出发，农产品价格改革的最终目标在于促进建立健全具有中国特色的以农产品市场价格体系为主要形式、以目标价格为支持价格的基本形式、以其他价格措施为辅助形式的农产品价格体系；健全主要由市场决定主要农产品价格的机制，建立市场价格低时补贴生产者、市场价格高时补贴消费者的机制。现阶段应该包括以下三个目标。

（1）基本目标。建立健全具有中国特色的、科学的粮食等主要农产品支持价格制度，充分发挥市场配置粮食等主要农产品资源的决定性作用，规范和强化其宏观调控手段，提高宏观调控的科学性、准确性、预见性和效能性。

（2）核心目标。有效保护和稳定提高农民的利益，使他们在有利或不利环境条件下都能取得基本收益，分享农产品价格改革取得的"红利"，激发他们的生产积极性，为我国粮食等主要农产品的持续稳定发展注入内在的持久的动力。

（3）必要目标。通过科学的目标价格制度，规范宏观调控、调整粮食等主要农产品价格支持政策，坚持质量兴农、绿色兴农，调整优化粮食和主要农作物种植结构，加大现代农业转型升级力度，改善土壤和生态环境，提高经济、社会和生态综合效益。

（二）基本原则

探索建立小麦、稻谷等主要农产品目标价格制度，即以目标价格制度替代最低收购价格制度，是重大的制度和机制性转变，是探索和创新实施宏观调控的重要措施，必须积极而稳妥地推进。在整个改革过程中，必须坚持以下基本原则。

（1）市场引导，政府支持。为充分发挥市场机制配置资源的决定性作用，必须建立以市场为主导的机制，在确定目标价格时要充分考虑各种市场因素，力戒扭曲市场。与此同时，政府必须有所作为，要创造有利的环境条件，保障目标价格的合理制定和有效稳健地实施。

（2）护民兴粮，贯彻始终。制定和实施目标价格，要始终把保护农民根本利益置于首位，把有限的资金直接补贴到粮食生产者头上，特别是要注重保护粮食主产区和主产区生产者的利益，包括广大农民、农民专业合作社、种粮大户等各种新型经营主体的务农种粮收益，以不断提高他们增产粮食等农产品的动力和能力，促进粮食产业持续健康发展。

（3）突出重点，先行试点。我国农业消费品品种比较多，重要程度各不相同，不需也没有必要全部建立和实施目标价格。我国实施目标价格的农产品，可限于涉及国计民生的谷物、棉花、大豆等大宗农产品，其他农产品完全由市场进行调节，辅之以必要的宏观调控措施。对于确定实施目标价格的品种，要选择在典型地区先行试点，取得经验。例如，2014～2016年对东北地区大豆、新疆棉花进行目标价格试点，即通过进行目标价格改革试点，探索信息搜集和分析、目标价格的测定和确定、实施程序和方法等方面经验，这就体现了"试点先行、稳步推进"农产品价格改革策略。

（4）公开规范，简便易行。制定和实施粮食等主要农产品目标价格涉及范围广大、生产者众多，制定过程要公开，对主产区和有代表性的批发市场进行全面深入调查，广泛征求各方面的意见，最后由相关行政部门制订出实施方案。实施办法要方便可行，既要保证目标价格的指向性和精准性，也要具有可操作性，群众容易理解接受，以形成指向明确、影响精准、操作方便、效果显著的目标价格制度。

（三）科学思路

探索和建立小麦、稻谷等主要农产品目标价格制度，关键是确定一个科学思路，即确定一个保障生产者受益、促进农业粮食产业稳健发展、有利于优化农业种植结构和保护生态环境的目标价格。确定目标价格必须考虑综合成本、农民利润、供求关系和国内外价格差等因素。目标价格必须定得合理和适当，既要保障生产者基本有利可图，使生产者能够理解接受；又要考虑政府财政支出的承受能力，尽量减轻国家财政负担；还要保障目标价格的指向性和精准性，以真正对农业粮食生产发挥促进作用。

保障农业粮食生产者取得基本的、合理的收益，取决于以下关键因素：（1）目标价格基准价位；（2）农产品市场价位；（3）相应农产品产量；（4）农业粮食生产者所得补贴数额。目标价格基准价位与农产品市场价位之间的差额，再乘以农产品产量之积，就是农业粮食生产者所得补贴数额。鉴于上述函数关系，制定农产品目标价格必须抓好关键因素，即利用"大数据"，合理测定和确定目标价格的价位；测定和计算相应农产品的产量。

1. 测定和确定目标价格基准价位必须综合三个因素

在周密调研相应产品主产区代表性批发市场上、主销区代表性批发市场上价格的基础上，进行综合分析、并利用相关农产品价格指数、测定相应产品的、符合实际的市场价格。农产品价格指数是反映不同时期农产品价格水平的变化方向、趋势和程度的经济指标。价格指数按其所包括范围的不同，一般分为个体指数、分类指数和总指数。测定和确定农产品目标价格自然采用的是个体指数。测定和确定目标价格、必须在考虑农产品的生产成本和生产者的合理收益等两大因素的基础上，兼顾农民利益和国家财政负担，既不可偏低，否则起不到保护农民利益的作用；又不可过高，否则就可能增加政府财政负担。

所谓农产品生产成本，指为生产农产品而发生的各项费用之和，包括各项直接支出，像种子、化肥、农药、能源、灌溉水等生产投入；人员工资；土地租金；以及各种间接成本，像农机折旧费、维修费，必要的办公费等。产品成本是衡量生产消耗的补偿尺度，生产者必须以产品销售收入抵补产品生产过程中的各项支出，才能确定是否盈利。按照目前世界上普遍采用的生产成本法，只将生产过程中投入的生产资料、人工费用及制造费用计入产品成本，而市场流通、物流等费用则不计入。

所谓生产者的合理收益，指农产品的销售总额扣除生产成本的差额。由于生产环境多变和市场可能发生波动，致使生产者面临收益减少的风险。为保障农业粮食生产者合理收益，必须合理确定相应产品的目标价格。

2. 按照实际种植面积测定和计算农产品产量

在确定农产品目标价格和市场价格后，其产量是确定补贴额的关键。关于农产品产量，可以设想分为农户生产总量和农户交售产量。但从实际情况看，按照农户农产品生产总量计算补贴额更有可操作性。这是因为：一是不论是按生产总量还是按交售量来计算，两者均能起到促进农民持续增收的目的，均能实现农产品目标价格补贴的目的，两者作用没有大差别；二是在放开粮食购销、实行多渠道经营的市场条件下，农民出售粮食和大宗农产品的渠道，不只有国有粮食收储企业，还有其他各类收储企业、用粮企业、个体粮商等，出售时间、地点也相当分散，因此，要统计核定每个农户出售的农产品数量十分困难，几乎没有可操作性；三是确定农产品目标价格时所包含的成本和利润，都是以产品产量计算的，如果补贴额仅按农户交售量计算，农民的收益就得不到应有的合理补偿。

另外，具体到单个农户而言，准确统计各农户的生产量难度相当大，而且容易引起统计员与农户、农户与农户之间的纠纷。由于在同一地区的土壤条件、气候条件、灌溉条件等大体相同，可以假定该地区农户的每亩产量基本相同。因此，决定农户产量的关键在于农户的农产品种植面积。近年来，农村土地流转数量巨大，而且每年的流转对象和流转数量还在变化中，要准确统计每年农户实际种植面积难度也非常大。在现有的土地流转中，土地出租方和租入方对现有的农业补贴进行谈判，对土地租金比较进行处理而自动达到均衡的状态。为防止土地"离农倾向"，即脱离农业和粮食把土地改作他用，计算和测定农产品产量应按照实际种植面积为宜。

（四）组织实施

组织实施是建立具有中国特色的目标价格制度、测定和确定合理适度的目标价格基准价位的保障。为稳健推进粮食等主要农产品目标价格的重大改革，可设想采取"农产品目标价格联席会议"的形式。"联席会议"主持单位由国家发展和改革委员会、财政部承担；"联席会议"参加单位除主持单位外，还包括农业农村部、国家粮食和物资储备局、国家统计局、农发行，以及中储粮、中粮集团等大型粮食企业。为便于工作，"联席会议"设立办公室，该办公室可设在国家粮食和物资储备局。

（五）资金来源

明确农产品目标价格补贴资金的供应，是实施这一改革的重要内容。农产品目标价格补贴的对象是农业粮食生产者，包括广大农民、农民家庭农场、农民专业合作社以及相关农业粮食企业。农产品目标价格补贴是政府为稳定农业粮食生产、促进农民增收的保护性支持措施，其资金理应由国家公共财政提供。也就是说，实施目标价格补贴所需要的资金应像粮食"托市收购""临储收购"的补贴资金一样，列入中央财政支出预算。其数额就是相应农产品的产量乘以目标价格与市场价格之积。

鉴于财政部门在发放直接补贴、农资综合直接补贴等工作中已经积累了经验，农产品目标价格补贴款可由财政部门直接汇到农业粮食生产者"一卡通"上。当年的农产品目标价格补贴款一定要及时发放到农业生产者的账号上。

第六章

绩效与偏向：我国粮食价格
支持政策的实施效果

2004 年以来，我国逐步建立和完善粮食价格支持体系，全面取消了农业税、牧业税、农业特产税和屠宰税，实行种粮直接补贴、粮食最低收购价、临时收储等粮食价格支持政策。落实《国家粮食安全中长期规划纲要（2008—2020 年)》提出的"完善粮食最低收购价政策，逐步理顺粮食价格，使粮食价格保持在合理水平，使种粮农民能够获得较多收益"，[①] 对农业发展、农村繁荣和农民增收意义非凡，对于推动粮食产业经济发展、促进粮食有效供给、保障国家粮食安全具有重要意义。

第一节　主　要　成　效

我国现行粮食价格支持政策自 2004 年实施以来，从政策实践来看，成效较为显著。粮食价格支持政策的实施与适时启动，在增加粮食生产、促进粮农增收、支持市场粮价、确保国家粮食安全等方面发挥着重要作用。

---

① 国家粮食安全中长期规划纲要（2008—2020 年）［R］. 新华社，2008. 11. 13.

（一）充分调动了广大农民的种粮积极性，实现了我国粮食总产量连年增加

粮食直接补贴政策给农民传递了一种直接的政策信号，大大调动了农民的种粮积极性。最低收购价政策对保护农民种粮收益，促进粮食持续稳定增产，起了推动作用。2004 年以来，在国家一系列粮食价格支持政策的激励下，各地粮食市场恢复较快，出现了良好的发展势头。据统计，粮食播种面积由实施粮食最低收购价之前 2003 年的 9941.0 万公顷，增加到 2015 年的 11334.3 万公顷，12 年间增加了 1393.3 万公顷，这在我国工业化、城镇化加速推进的进程中，耕地保有量呈不断减少趋势的大背景下，意义非凡。同时，在一系列惠农政策的激励下，农民种粮投入不断增加，粮食单产水平不断刷新，从 2003 年的 4332.5 千克/公顷增加到 2017 年的 5506 千克/公顷，增加 27.1%，为改革开放以来粮食单产最高水平。相应地，2017 年我国人均粮食产量为 445.7 千克，已经达到世界人均年粮食拥有量 420 千克的水平，保证了市场粮食供给。

如果仅从粮食增产因素的贡献来看，2003 ~ 2017 年单产增加对粮食总产量增加的贡献率为 60.2%，粮食播种面积的增加对产量增加的贡献率为 32.6%。在粮食单产和粮食播种面积同时增加的促进下，我国粮食产量屡创新高，由 2003 粮食总产量的 43069.5 万吨增加到 2017 年的 61791 万吨，粮食产量实现了罕见的"十四连丰"，14 年间粮食总产量提高了 43.5%，为我国粮食安全打下了坚实基础（见图 6 – 1）。

（二）降低了粮食生产的自然和市场风险，增加了广大农民的种粮收入

现行粮食最低收购价格政策，作为减少农民种粮的自然和市场风险的一项保障性支持措施，对加快粮食科技转化进程、降低新品

（万吨、千公顷）   （千克/公顷）

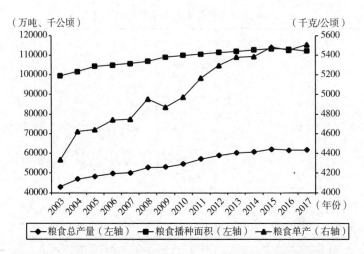

图 6 - 1 2003 ~ 2017 年我国粮食总产、单产和播种面积变化状况
资料来源：中国农村统计年鉴。

种和新技术的使用成本、增加农民转移性收入、提高粮食生产比较
收益等诸多方面，发挥了重要作用。同时，2004 年以来，随着粮
食最低收购价格的逐年提高，农民获得的实惠越来越多。在市场经
济条件下，出售粮食仍然是农民收入的一项不可或缺的重要来源。
粮食最低收购价格对粮食市场价格起到"托市"作用，对粮食市
场价格的引导作用不断增强，促进了农民增产增收。一是粮食最低
收购价格政策稳定了农民的种粮收益预期，有利于引导粮食生产稳
定发展；二是 2004 年以来逐年增加的粮食价格支持力度增加了农
民种粮的机会收益，提高了农民从事非农产业的退出成本，调动了
农民种粮积极性，保障了国家粮食安全。① 当前粮食价格支持水
平，如表 6 - 1 所示。

---

① 国家粮食局课题组. 粮食支持政策与促进国家粮食安全研究 ［M］. 北京：经济
管理出版社，2009：32 - 33.

表 6-1　　2010 年和 2014 年我国主要粮食品种价格支持水平

产品	外部参考价（元/吨）	国内支持价格（国标三等）（元/吨）	价格差（元/吨）	干预收购数量（万吨）	价格支持水平（亿元）	2014 年国内支持价格（元/吨）
稻谷	1808	1966	158	519	8.20	2853
小麦	1689	1760	71	2265	16.08	2360
玉米	1199	—	—	0	0	2240
大豆	2308	3800	1492	514.22	76.74	4800
油菜籽	2323	3900	1577	514.22	81.08	5100

　　注：外部参考价为 1996~1998 年基期参考价，其中稻谷外部参考价由大米外部参考价（按粳米和籼米 1:2 的权重平均）乘以 68% 折算而成。
　　资料来源：WTO：G/AG/N/CHN/21；中华粮网。

　　据估算，2004~2013 年间粮食最低收购价格比市场价格每千克高出 0.20 元，即广大粮农每多出售 1 千克粮食，收入则平均提高 0.20 元。9 年间，粮食商品化率不断提高，从 2004 年的近 60% 到 2013 年的近 70%，若按 65% 的粮食商品率估算，粮食最低收购价政策已经使农民种粮收入增加 2065 亿元，为我国农民人均年收入再上新台阶做出了重大贡献。

第二节　主要弊端

　　在粮食最低收购价、临时收储等粮食价格支持政策取得明显成效的同时，随着我国经济发展和农业生产经营形势的变化，其存在的种种弊端也逐渐开始暴露出来。这种弊端既有理论层面的政策设计缺陷，也有实践层面的政策执行过程中发生的各种偏差。

一、理论层面的政策设计缺陷

（一）粮食最低收购价政策负面效应显现，在一定程度上造成市场扭曲和效率损失

粮食价格支持作为价格行政干预的一种，必然会造成一定的市场扭曲，使收入在不同群体间再分配，造成社会总福利减少，经济效率下滑。据统计，白小麦、红小麦、混合麦最低收购价从2006年每500克分别为0.72元、0.69元、0.69元，经过连续多年持续上调，至2014年三个品种小麦均涨至1.18元，此后几年（2015~2017年）一直维持2014年的价格水平，2018年小麦最低收购价格略有下调；早籼稻、中晚籼稻、粳稻最低收购价格从2004年每500克分别为0.70元、0.72元、0.75元，涨至2015年分别为1.35元、1.38元、1.55元，此后分品种逐步下调稻谷最低收购价格；黑龙江、吉林、辽宁、内蒙古玉米临储价格从2008年每500克分别为0.74元、0.75元、0.76元、0.76元逐步上涨至2013年的1.11元、1.12元、1.13元、1.13元，2014年保持不变，2015年均降至1.00元。总体上看，小麦、稻谷最低收购价格从2008年起连续多年上调，东北地区玉米临储价格从2010年起连续多年上调，向市场发出强烈的托底信号，形成了只涨不跌的市场预期。产区农民惜售心理日渐强化，售粮节奏出现明显变化。如2010年小麦集中上市期间，部分产区农民大多观望等待，不急于售粮，而在托市政策背景下，一些贸易商、加工企业也看高粮价，不惜抬价抢购，使小麦价格在短期内上涨。[①] 2006~2010年，小麦年均托市收购量达3484万吨，超过小麦年商品量的一半。2008年以来，国家对东北主产区玉米实行临时收储政策，80%

---

① 李经谋. 中国粮食市场发展报告（2011年）［M］. 北京：中国财政经济出版社，2011：188-189.

以上的玉米被国家粮库和指定国有粮食企业掌控。由于国家托市收购的粮源在市场上处于支配地位，粮食市场政策化趋向日益强化，粮食市场价格对托市调控政策变化的反应越来越敏感。托市价格并不能反映粮食供求的真实情况，扭曲了市场调节功能。另外，国内外粮食价差不断扩大，国际粮食价格明显低于国内，导致粮食进口快速增加，小麦、大米、玉米进口量分别从 2005 年的 353.9 万吨、51.4 万吨、0.4 万吨增加到 2017 年的 442 万吨、403 万吨、283 万吨；粮食库存积压严重，财政补贴负担沉重，2017 年末小麦、稻谷、玉米库存量分别超过 7300 万吨、2.4 亿吨、1.4 亿吨，与 2005 年相比，小麦库存量增加超过 3300 万吨，稻谷库存量增加接近 2 亿吨，玉米库存量增加超过 1 亿吨，增幅分别达 84.2%、4.59 倍、2.55 倍。

（二）现行粮食价格支持政策的多元主体弱化了国家的粮食价格稳定调控机制

粮食最低收购价政策和临时收储措施最初设计的是单一执行主体，即委托中储粮总公司负责执行政策。但 2009 年国家对临时收储、2010 年对最低收购价等托市政策由单一主体调整为多元主体，中粮、华粮、中纺等企业也参与粮食托市收购。按照各年《小麦和稻谷最低收购价执行预案》规定，执行粮食最低收购价的企业主要包括：（1）中储粮总公司及其有关分公司；（2）受中储粮总公司委托的中粮、中纺、（2016 年 7 月整体并入中粮集团）、中国供销、中化、中航工业、农垦集团所属企业及有关地方骨干企业；（3）实施最低收购价执行预案的有关省份地方储备粮管理公司（或单位）；（4）北京、天津、上海、浙江、广东、福建、海南等7 个粮食主销区省级地方储备粮管理公司（或单位）。

政策实践表明，通过采取多元化主体参与托市政策，由此引入竞争机制，虽然强化了托市机制，但并没有使市场扭曲得到纠正，反而在一定程度上增加了市场垄断，促进市场寡头的形成，增强了农民和下游企业的不稳定预期。部分新增托市收购的经营性企业，在本质上追求利益最大化，与政策保护粮农利益、维护粮食市场价格稳定的目标存在分化。这些经营性企业在获得收购信贷资金支持、收购费用补贴等政策支持后，增强了掌控粮源和控制市场的能力，通过发挥政策与市场的双重职能大量掌控粮源。而非托市收购企业缺乏政策关怀，在收购资金和市场风险承受能力等方面无力与托市企业展开平等的购销竞争。粮食购销市场的不平等竞争，压缩了中小粮商的经营空间。实力不对称的加剧，进一步加剧粮源集中，促成新的市场控制力量，形成托市企业主导和控制粮食市场的供给与价格。从临时收储政策的执行效果来看，因流向多元执行主体的粮食，其粮权并不属于国家，这从本质上弱化了国家的粮食价格稳定调控机制。①

　　此外，2004 年以来，我国主要实行粮食直接补贴的间接价格支持政策，政策设计之初的主要目标是维护粮农利益和保持粮食市场稳定。但这两个目标的实现是不能兼得的，一方面，政府将流通环节的间接补贴改为对粮农的直接补贴，这更多体现的是政府对保护和调动粮食生产积极性的一种政策导向，而其对农民增收的效果只是杯水车薪，据统计，前些年年均近 150 亿元的粮食直补资金最后发放到农民手中，仅仅是每亩十几元，况且这微薄的粮食直接补贴已被不断高涨的农资价格所抵消。因此，若促进粮农增收，就必然要求不断提高粮价，且粮价上涨幅度要快于农资价格上涨幅度。另一方面，作为基础价格的粮价被不断推高之后，不可避免地会引发一系列连锁反应，引发 CPI 明显上涨。因此，粮食价格支持政策始终面临着"谷贱伤农"和"米贵伤民"的两难选择。

---

　　① 程国强. 中国粮食调控：目标、机制与政策［M］. 北京：中国发展出版社，2012：49－50.

二、实践层面的政策执行偏差

（一）政策利益主体多元化，政策执行成本较高

对政策执行各利益主体分析后发现，现行粮食价格支持政策具体执行存在漏洞。对粮食最低收收购价政策而言，所涉及的利益主体包括粮农、国有粮食企业和粮食消费者。由于利益主体数量多，且不同支持政策之间利益主体存在交叉，使得政策执行成本较高。[①] 国有粮食购销企业作为最低收购价的政策执行主体，通过政策性收购与市场化购销双线操作，承担着政策与市场的双重身份，转移了企业外部的市场竞争压力，弱化了企业的竞争意识。同时，由于最低收购价格干预了市场价格，政府在"促增收"与"稳粮价"的双重压力下，增加了调控难度，对粮食企业改革和粮食市场机制作用带来负面作用。[②]

对于粮食直接补贴政策而言，所涉及的利益主体有粮农、政府部门与粮食消费者。由于补贴对象往往涉及千家万户，财政部门对补贴情况无法事无巨细地一一掌握。补贴给谁、补贴多少，最初是由相关职能部门或相关村、居调查登记后形成资料，经过逐级审核后，最后才交由财政部门实施资金发放。财政部门在短期内根本无法对这些资料逐一核实，发放补贴资金的依据只有这些资料，财政监督功能在庞大的工作量面前显得苍白无力。惠农政策是一项庞大的社会性系统工程，需要各部门的各单位通力协作，仅靠财政部门的一己之力是无法做好的，造成政策执行成本高。

与粮食价格、产量、种植面积、投入品使用以及收入等挂钩的

---

① 亢霞. 当前我国粮食支持政策存在的主要问题及对策建议 [J]. 中国粮食经济，2009（1）：27 – 29.

② 国家粮食局课题组. 粮食支持政策与促进国家粮食安全研究 [M]. 北京：经济管理出版社，2009：34 – 35.

粮食直接补贴，财政部门在发放依据上缺乏统一尺度，各地在执行时其补贴依据不尽相同，给基层对补贴依据的核实工作带来难度，有的甚至无法核实。一些地方在政策的具体执行中出现这种偏差：有的在实际操作中不按耕种面积补贴，而是简单地按农户经营权证面积上报，使"粮食直补"变成"农田直补"；有的承包他人耕地的种粮农户没有获得补贴；有的调整种植结构不种粮食也可获得粮食直补；有的耕地发包方在粮补政策出台后抬高承包费，使粮补资金流向发包方，造成部分粮农获得了补贴却并未真正受益。

（二）品种、地区差价不合理，不同地区支持水平不均衡

目前，粮食最低收购价的执行品种限于稻谷和小麦两个主粮品种，包括早籼稻、中晚籼稻、粳稻、白麦、红麦和混合麦。以2010 年为例，国家发展和改革委员会对全国稻谷平均成本收益情况的调查结果显示，早籼稻、中籼稻、晚籼稻和粳稻的亩均生产总成本分别为 702.17 元、750.40 元、717.35 元和 896.70 元，亩均现金收益分别为 422.74 元、747.16 元、571.11 元和 860.37 元，成本利润率分别为 14.13%、47.05%、35.83% 和 59.09%。由此看出，不同品种之间亩均成本与收益之差巨大，成本利润率最大的粳稻是最低的早籼稻的 4.18 倍。而从国家实行粮食最低收购价政策以来，从 2004 年到 2009 年，国家公布的早籼稻和中晚籼稻差价都保持在每 50 千克 2 元的水平，粳稻与中晚稻差价也保持在每 50 千克 3 元水平。直到 2012 年早籼稻与中晚籼稻差价才达到每 50 千克 5 元水平，粳稻与中晚籼稻差价才拉开到每 50 千克 15 元。由于稻谷不同品种之间最低收购价差距过小，不能真实反映它们之间的巨大成本效率差异，导致早籼稻收购量远远大于中晚籼稻，粳稻收购量明显不足，市场供应转紧，造成结构性供需矛盾。

同时，国家每年公布的稻谷、小麦等主要粮食品种的最低收购价是全国统一的。但是，不同省份自然资源条件和物价水平差别较

大，直接引致同一粮食品种在不同省份之间是生产成本和收益差别巨大。[①] 如 2010 年，在全国 9 个稻谷产区中，海南省早籼稻成本利润率最高，为 26.91%，湖南最低，为 9.37%，二者相差 2.87 倍。在全国 15 个小麦产区中，安徽省成本利润率最高，达 47.59%，云南最低，为 -55.18%，收益严重不抵成本，二省份成本利润率一正一负，差距巨大，而国家在这些省份实行的都是同样的最低收购价标准。不同地区之间的巨大成本利润率差距和统一的无地区差别的最低收购价之间，形成了巨大反差，严重影响了种粮成本较高地区粮农的生产积极性及其收入，不利于最低收购价粮的拍卖。

（三）粮食价格支持政策执行时政策覆盖范围因区而异

粮食风险基金，用于粮食直补和按最低收购价收购的老库存粮食在未销售前的利息费用补贴，其在不同地区之间差异较大，导致地区间支持水平不均衡。同时，粮食价格支持政策覆盖范围不广，粮食最低收购价政策在执行时不同地区存在差异，有的地区启动，有的地区不启动，导致毗邻地区之间粮农收益差别较大，部分地区粮农利益不能得到应有保护。

---

① 王耀鹏. 中国粮食流通财税金融支持政策研究［M］. 北京：经济管理出版社，2010：162－165.

第七章

完善粮食价格形成及调控机制
支持粮食有效供给的政策措施

当前，要按照党的十九大精神的根本要求，深化农业供给侧结构性改革，完善粮食价格形成机制，健全粮食市场预警和价格调控体系，加快规范和完善粮食期货市场，全面夯实粮食有效供给的物质基础，做好防范措施和应急预案，增强粮食市场调控的前瞻性、针对性和有效性，切实提高粮食供给质量、增加粮食有效供给，不断满足城乡居民日益增长的美好生活需要。

一、进一步完善粮食价格支持政策的制度设计

（一）按照"分品种施策、渐进式推进"的原则，积极稳妥推进粮食价格形成机制改革

要继续坚持小麦、稻谷最低收购政策，但需要在实践中不断完善，近年来在逐步下调最低收购价水平的同时，要逐步建立生产者补贴机制；始于2008年的东北地区玉米临储政策已于2016年取消，转为实施"市场化收购＋生产者补贴"，大豆从2008～2013年实施临储政策，到2014～2016年转为目标价格改革试点，再到2017年至今的"市场化收购＋生产者补贴"，玉米、大豆国内外差价明显缩小，要充分发挥中储粮、中粮、中航工业等央企自身优

势和引领带动作用，积极组织开展市场化收购，并对于收购符合一定要求的玉米深加工、饲料企业和大豆加工企业给予相应补贴，新粮集中上市期间要适时暂停政策性粮食拍卖，防止打压市场粮价和发生大范围农民卖粮难问题，保障市场平稳运行和种粮农民利益。

（二）进一步完善小麦、稻谷最低收购价政策设计和操作规范，减少市场扭曲

综合考虑我国粮食生产成本、种粮机会收益、收购主体承载能力、市场供求、国际市场粮价及物价总体运行情况等因素，合理制定不同主粮品种的最低收购价格水平。同时，完善科学合理的政策启动和退出机制，最低收购价政策并非全年实施，而一般在粮食播种前发布当年最低收购价及执行预案，并考虑新粮上市时段、市场形势变化、农民卖粮习惯等方面因素，规定当年最低收购价政策执行期限，在此期限内农民卖粮，由有关收储企业按照最低收购价政策进行收购，超出期限则按市场供求关系买卖双方自主决定价格。按照"有利于保护农民利益、有利于粮食安全储存、有利于监管、有利于销售"的原则，合理确定执行最低收购价政策的委托收储库点，健全粮食市场价格监测体系和预警机制，规范最低收购价执行预案的操作规程。当粮食市价高于最低收购价时，执行预案不启动，由市场调节各市场主体的粮食购销行为；反之，及时启动执行预案，由国家指定企业按最低收购价托市收购，当粮食市价回升至最低收购价之上时，应放缓或退出托市收购，最大限度减少对市场的干扰，实现政策退出与启动的制度化和规范化。

为了加快推进粮食价格形成机制和收储体制改革，2018年5月，国家发展改革委、国家粮食和物资储备局等六部门印发了《小麦和稻谷最低收购价执行预案（2018年）》，对小麦、稻谷最低收购价政策进行了调整完善，包括下调最低收购价格、适当推迟最低收购价政策启动时间、细化最低收购价政策启动条件、提高最

低收购价格粮食收购质量标准等。其中，2018 年小麦最低收购价为每千克 2.30 元，比上年下调 0.06 元；早籼稻、中晚籼稻和粳稻最低收购价格分别为每千克 2.40 元、2.52 元和 2.60 元，分别比上年下调 0.20 元、0.20 元和 0.40 元。从小麦、稻谷最低收购价执行时间来看，2018 年小麦最低收购价执行时间为当年 6 月 1 日至 9 月 30 日，政策启动时间比上年（5 月 21 日至 9 月 30 日）延后 11 天；早籼稻最低收购价执行时间为 8 月 1 日至 9 月 30 日，政策启动时间比上年（7 月 16 日至 9 月 30 日）延后 16 天；江苏、安徽、江西、河南、湖北、湖南、广西、四川 8 省（区）中晚稻最低收购价执行时间为当年 10 月 10 日至次年 1 月 31 日，政策启动时间比上年（9 月 16 日至次年 1 月 31 日）延后 24 天；黑龙江、吉林、辽宁省中晚稻最低收购价执行时间为当年 11 月 1 日至次年 2 月末，政策启动时间比上年（10 月 10 日至次年 2 月末）延后 22 天。

考虑到小麦、稻谷属于口粮，必须始终坚持"谷物基本自给、口粮绝对安全"的战略底线，为避免和防范取消最低收购价政策后引发粮食市场大幅波动，并导致农民卖粮难问题加剧、种粮大户严重亏损、农民收入明显下降、大面积耕地抛荒撂荒等一系列问题，从目前情况和形势分析来看，要坚持和完善小麦、稻谷最低收购价政策框架，逐步增强最低收购价政策灵活性和弹性，逐步分离政策性收储"保增收"功能，激发市场活力和产业发展动力；综合考虑粮食生产成本、产业发展、市场供求、国内外市场等多方面因素，合理调整小麦、稻谷最低收购价水平，改变长期以来形成的最低收购价"只升不降"的市场预期。坚持市场化改革取向和保护农民利益并重，完善粮价改革综合配套政策措施，既要积极稳妥推进市场化改革，更好地发挥市场机制在粮食资源配置中的决定性作用，也要保护种粮农民根本利益，保护农民种粮积极性，防止粮食生产大幅滑坡引发市场波动和社会稳定。另外，也可考虑对小麦、稻谷主产区选择若干个市（县）先行试点，参照东北玉米、大豆"市场定价、价补分离"新机制新做法，进行市场化收购 +

生产者补贴，总结各地的成功经验、问题和不足，待条件和时机成熟后再逐步扩大试点范围，最终在全国范围推广开来。

（三）更加注重引导农民种粮"重数量、更重质量"，体现粮食优质优价

按照《小麦和稻谷最低收购价执行预案（2018）》要求，"执行本预案收购的粮食，应为当年生产且符合三等及以上国家标准，四等及以下的粮食由地方政府组织引导实行市场化收购"，而往年粮食最低收购价政策可以放宽到四等、五等粮食，今年则提高了实行最低收购价政策的粮食收购质量标准。与此同时，今年对小麦、稻谷食品安全指标控制更加严格，超标粮食不得进入最低收购价政策范围、不得流入口粮市场，"因自然灾害或其他原因造成不符合质量标准或食品安全指标的小麦和稻谷，由各地按照粮食省长责任制和食品安全地方政府负责制的要求组织收购处置"。不难看出，不论是提高粮食收购质量等级，还是食品安全指标控制更加严格，引导农民种粮"重数量、更重质量"，体现粮食优质优价，促进粮食供给侧结构性改革和农业高质量发展。

二、健全粮食市场预警与价格调控体系

一是完善粮食价格预警机制，试点实行"粮食价格波动区间调控"政策。以粮食价格波动区间上下限作为粮食价格预警的信号，政府以粮食价格是否在合理区间内作为是否对粮食价格进行干预和调控的重要参考依据。只有当粮食价格明显低于最低保证价（下限）或明显高于最高干预价（上限）时，政府才综合采取措施干预和调控粮食价格。除此之外，粮食价格由市场供求状况决定。

二是综合运用各种粮食价格调控手段，确保市场粮食价格稳定。根据国内粮情，灵活利用国际市场调节调剂国内余缺，加强对国际市场粮食价格走势的分析与预测，减轻国际粮价波动对国内市

场的冲击。健全粮食价格调节基金，充分发挥其在平抑粮价和减轻财政负担的积极作用，减少其对资源配置的负面影响。完善以期货市场为先导的粮食市场体系与现期货市场相结合的宏观调控机制。利用期货市场的价格发现功能，引导粮食企业加入国际国内期货市场，引领粮食价格走向，稳定国内粮食价格预期。

三是完善中国储备粮管理总公司为托市粮购销主体的体制，保证粮价调控政策的落实。明晰中国储备粮管理总公司权责，最低收购价粮食收购、销售与管理由其全权负责，农业发展银行提供最低收购价粮食的收购资金，由中储粮总公司统贷统还，保证收购资金专款专用、封闭运行。中央储备粮要适时进行轮入与轮出，主动服务于政府调控市场的需要。

三、全面夯实粮食有效供给的物质基础

（一）严格保护耕地、节约用地，不断巩固和提升粮食产能

一方面，坚持最严格的耕地保护制度和最严格的节约用地制度，加强土地利用规划管理和基本农田保护，严格执行耕地占补平衡、先补后占制度，统筹耕地资源的开发、利用与保护，严格保护农用耕地特别是基本农田，加大土地复垦和整理力度，探索完善土地利用总体规划的管控机制与节约集约用地的保障机制。切实加大农业基础设施尤其是农田水利设施建设，健全农业面源污染监测预警体系，及时掌握农业面源污染现状和变化趋势。把农业农村生态环境治理作为贯彻新发展理念、推进新时代农业绿色发展的重要抓手，纳入各级政府部门重要议事日程；以实施乡村振兴战略、建设美丽乡村为依托，推进农业农村生态环境治理和耕地保护，深入开展农业土壤污染、水污染治理行动；加大农田灌排工程设施建设和改造力度，推广滴灌、喷灌、水肥一体化等农业节水灌溉技术；加快推进农业水价综合改革，健全精准补贴和节水奖励机制，引导农

民树立节水意识和调动农民节水灌溉积极性，不断推进农业可持续发展。

另一方面，稳定粮食播种面积，进一步优化粮食品种区域结构，到 2020 年全国粮食、谷物播种面积分别稳定在 15.8 亿亩、12.6 亿亩以上。适应城乡居民消费结构优化升级的客观需求，积极引导农民调整种植结构，发展地方优势特色农业产业，逐步由传统二元种植结构（粮食—经济作物）转变为多元种植结构（粮食—经济作物—饲料作物—其他作物）；继续实施优质粮食产业工程，引进和开发优良新品种，有条件的地方要进一步扩大优质稻谷、优质专用小麦和玉米、优质薯类杂粮、高油高蛋白大豆种植面积；统筹谋划核心产区、后备产区粮食增产措施，加强粮食综合生产能力建设和优势粮食品种产业带建设，确保主要农产品有效供给和价格稳定。

（二）推进农村土地合理流转和适度规模经营

修订和完善土地流转的法律法规制度，各地区要认真总结适合本地区的农村土地所有权、承包权、经营权"三权分置"具体路径和办法，落实集体所有权、稳定农户承包权、放活土地经营权，不断探索农村土地集体所有制的有效实现形式。尽快做好适应目前土地流转现状并符合农民利益要求的各种制度安排，允许农民以出租、转包、互换、转让等形式流转土地承包经营权，有条件的地方要探索发展多种形式的适度规模经营，如种养大户、家庭农场、专业合作社等。在坚持农户自愿、市场主导和因地制宜的原则下，正确引导农户加快农村土地合理有序流转。

（三）加大农业科技创新和应用推广力度

第一，要统筹各地区科技创新资源整合和平台建设，包括知名高校重点实验室、科技创新示范基地、技术创新合作联盟、工程技术研究院所、农业产业化龙头企业等，促进创新要素跨区域、跨行业流动，实现共建共享、协作协同和互联互通；建立全国农业大数据统一平台，包括产品供求、市场价格、库存销量、仓储物流等；聚焦前沿性、基础性、关键性等重大农业技术需求和问题，开展联合攻关和应用推广，加大高端农业技术向落后地区辐射推广力度；制定实施京津冀、长江经济带等重点区域内农业质量标准和技术规范，推进统一标准化体系和检测结果互认，促进农业规模化、标准化、集约化再上新台阶。

第二，加快农业技术创新与推广，积极探索基层农业技术推广机构、农业科技示范基地与科技进村服务站等多元化服务组织的有效衔接方式，进一步完善农技推广网络，不断增加粮食单产水平，降低单位要素投入，促进粮食生产走上资源节约与环境友好轨道，实现粮食生产方式的根本转变。同时，继续发挥化肥对粮食的增产效应，普及科学施肥技术，改变施肥方法落后、偏施和过施等弊端，加快研制应用高效环保型肥料，推广精准施肥技术，采用测土配方施肥等方法提高化肥的有效利用率，从根本上增加粮食产量。

第三，建立健全与市场经济相适应的多层次、多渠道农业科技推广体系。建议国家发展改革委、农业农村部、财政部等有关部门，尽快研究制订建设方案，明确基层农业技术推广机构建设标准，加强基层农业技术推广机构基本办公用房、业务设施设备与试验示范基地等条件设施建设，并逐步推进村级服务站点建设。建议农业农村部、教育部等部门与地方政府采取多种形式，加强对基层农业技术人员的技术培训与知识更新。

第四，建立和完善京津冀、长江经济带等重点区域农业产业分工协作机制。以京津冀为例，京津有着比较充裕的高端人才、先进技术、管理经验和资本资金，但土地、水资源相对匮乏，而河北省土地、劳动力等资源要素相对充裕，与京津相比缺乏人才、技术、资金等，京津和河北农业发展具有较强的层次性和互补性。为此，要进一步完善京津冀农业、粮食、商务等部门定期对话交流机制，推动农业硬设施和软环境共建共享，不断提升农业产业转移对接和分工协作水平；继续推动北京市区域性农副产品市场和仓储物流基地外迁，有序调减粮食种植面积和严格控制高耗水农业，大力推进环首都 1 小时鲜活农产品流通圈的规划建设；依托海陆空便利条件和现代物流优势，把天津市努力打造为京津冀和国内外重要的农产品物流集散中心；推动农业资本、技术、人才等京津高端资源要素，有序向河北合理流动和优化配置，大幅提升河北农业科技创新、品牌培育和市场开拓能力，努力成为京津两市优质农产品重要供应基地。

（四）发挥财政投资导向作用，探索农业基础设施建设多元化投入方式

政府应在财政、税收、金融、农业保险等方面给予农业生产更多支持，特别是资金信贷与农业保险方面。建立健全政策性农业保险保障体系，以调节因市场产需变动给农户带来的损失，强化农户抵御市场风险的能力。发展农业适度规模经营，只靠农业自身积累是不能满足其对资金需求的。坚持国家固定资产投资用于农村的增量、财政支农投入的增量、建设用地税费提高后新增收入主要用于"三农"和土地出让收入用于农村建设的增量要高于上年的原则，不断增加政府对农业的投入。在继续加大财政对农业基础设施建设的投资外，积极试点以政府为主导、涉农组织投资参与以及农民自愿投入的多元化投融资体制。明确中央政府、地方政府、乡村集体、农村社区与农民个人的投资责任和投资范围，发挥各投资主体的积极性，同时积极吸引民间资本投入农业基础设施，不断加强农田水利建设，提高抵御自然灾害的能力。这里值得一提的是，加强粮食仓储、物流和加工体系建设，有效降低粮食产后损耗。进一步加强重点产量地区中央储备粮直属库和地方储备粮库建设，支适度控制以玉米为原料的深加工业规模持农户和合作社购置新型储粮装具、改进烘干除杂设施；进一步推进粮食物流"四散化"变革，加快改造跨地区粮食物流通道，积极培育大型跨区域粮食物流企

业，逐步提高粮食物流技术装备水平和信息化程度；加强对粮食深加工业的科学规划和调控引导，大力发展粮油食品加工业，积极发展饲料加工业，适度控制玉米深加工规模，提高粮食综合利用效益。

（五）推动农村一二三产业融合发展，农业对外开放再上新台阶

加强各地区现代农业发展与土地利用总体规划、城乡建设发展规划等有效衔接，坚持拓展农业多功能和发展农业新业态相结合，推动农业与乡村旅游、文化教育、创新创业、健康养老、休闲娱乐等产业融合发展；大力实施"互联网＋现代农业"行动，搭建京津冀农业农村综合性信息服务平台，方便社会群众查询和利用上述多种相关产业和市场信息；坚持农业农村现代化与新型城镇化相衔接，加大政府资金投入和市场主体培育，引导人才、资金、技术等向农村一二三产业融合集聚。统筹利用国际国内两个市场两种资源，进一步扩大农业对外开放，并加强农业领域利用外资监管和农产品贸易救济工作，健全国际粮食市场供需和价格监测预警体系，积极主动运用好 WTO 规则所允许的反倾销、反补贴、保障措施等各种手段；积极参与全球农业贸易规则制定，加强各种形式、不同层次的中美经贸谈判磋商，提高我国农业国际话语权和定价权；进一步完善外商投资产业政策，规范和调整外商投资目录，限制外资进入粮食原料、农副产品加工、食品加工等农业相关领域投资规模，努力维护粮食安全和促进粮食稳产增产持续发展。

四、加快规范和完善粮食期货市场

"十三五"时期，要按照加快推进农业供给侧结构性改革、加快推进农业现代化的根本要求，进一步规范和完善农产品期货市场，切实增强期现货市场联动性和有效性，充分发挥期货市场在服

务"三农"中的重要作用，不断提高我国农业抗风险能力和农产品市场竞争力，促进农民持续稳定增收。

（一）逐步增加和完善农产品期货市场品种结构

有关部门要进一步贴近"三农"需求，加强期货市场与现代农业对接，逐步增加和完善农产品期货上市品种；适时推出主要粮食品种期货对应的期权，通过利用不同行权价或不同到期月的期权合约进行一系列投资组合，实现期货对现货保值、期货期权对期货进行保值，以降低和有效化解农产品期货交易风险。

（二）进一步完善期货市场投资主体结构

1. 大力发展农村合作经济组织

政府应加大对农村合作经济组织的财税、信贷政策扶持力度，进一步健全组织管理体制和内部治理结构，规范和完善利益分配机制，切实提高农民组织化程度。农业产业化龙头企业、家庭农场、合作社、种植大户等各类新型农业经营主体蓬勃发展，已经成为推动现代农业发展的重要力量。据原农业部统计，截至 2016 年，各类新型农业经营主体达 280 万个，新型职业农民超过 1270 万人。其中，家庭农场达 87.7 万家，农民合作社达 179.4 万家，入社农户占全国农户总数的 44.4%。尽管我国众多分散生产经营的农户不能直接参与期货市场交易，但仍可通过"公司 + 合作组织（或专业协会）+ 农户、订单 + 期货"的形式间接参与期货市场交易，通过这种形式引导广大农户"先卖后种"，有利于提前锁定种粮收益、防范粮价波动风险、促进农民增产增收。稳步扩大"订单 + 保险""期货 + 保险"覆盖范围，积极开发满足新型农业经营主体需求的农业保险品种，包括成本保险、收入保险、目标价格保险、气象指数保险等，加大中央、省级财政对粮食作物保险保费补贴力度，探索建立农业保险与粮食期货、农业补贴、涉农信贷联动机制，切实提高广大农户和各类新型农业经营主体抗风险能力和市场竞争力。据原保监会统计数据显示，2017 年我国农业保险保费超过 479.1 亿元，提供风险保障 2.79 万亿元，分别比 2007 年增长 8.2 倍、23.8 倍；承保农作物面积从 2007 年的 2.3 亿亩快速增加到 2017 年的 21 亿亩，约占全国农作物播种面积的 84.1%，为 2.13 亿农户提供风险保障，其中超过 4700 万户次贫困户和受灾农户受益。

2. 引导有条件的农业产业化龙头企业积极稳妥地参与农产品期货市场

据农业部相关统计，"目前全国各类农业产业化龙头企业 11 万多家（包括 1253 家国家重点龙头企业、1 万多家省级龙头企业、10 万多家中小龙头企业），产品涵盖种植、畜牧、水产多领域，经营涉及生产、加工、流通多环节。龙头企业提供的农产品及加工制品占农产品市场供应量的 1/3，占主要城市菜篮子产品供给量的 2/3 以上，并且出口创汇额占全国农产品出口额的 80% 以上；以龙头企业为主体的各类农业产业化组织多种形式带动农户约 1.1 亿户"，① 年户均增收额从 2000 年的 900 多元快速增长到 2016 年的 3600 多元。不难看出，农业产业化龙头企业是农产品期货市场现实和潜在的重要力量，参与期货市场交易既是企业生产经营、规避市场风险的现实需要，也是带动农户增产增收、真正让农民分享期货市场发展实惠的客观要求。

3. 促进农村土地流转和适度规模经营

要把促进农村土地流转与健全农村社会保障体系、加大劳务输出和技能培训力度、扶持农民自主创业等有机结合起来，逐步健全农村土地流转市场服务体系，有条件的地方可以采取转包、转让、互换、入股等多种形式，促进农村土地流转并逐步实现适度规模经营。

---

① 宁启文、赵经平. 进一步发挥好龙头企业带农惠农作用［N］. 农民日报, 2011. 8. 31.

（三）加强农产品市场统筹规划和政策扶持

粮食现货市场是期货市场发展的重要基础。要着力加强包括国家粮食交易协调中心、区域性粮食交易中心、专业性粮食批发市场、粮食收购市场和终端零售市场等多层次、全方位的粮食市场体系建设，在此基础上重点培育一些具有国际影响力和市场竞争力的粮食期货交易中心，不断增强粮食期现货市场联动性和期货市场服务粮食实体经济的能力。另外，还要加快推进粮食行业信用体系建设，覆盖粮食收储、加工、物流、贸易等各类企业，充分发挥政府部门、行业协会、第三方征信机构的作用，切实健全守信激励、失信惩戒机制，为粮食市场健康发展打造良好的社会信用环境。

（四）进一步健全期现货市场政策法规和市场监管机制

建议加快农产品期现货市场政策法规制修订工作，尤其要尽快修订《证券法》、尽快出台《期货法》等，完善粮食收购市场准入和退出制度，健全国有粮食企业进行套期保值的政策规定，增强期现货市场联动性。同时，适度提高部分期货品种交易保证金、涨跌停板幅度、日内回转交易成本等，坚决遏制过度投机和短线频繁交易；进一步加大期货市场违法违规行为打击力度，完善跨市场监管合作机制，密切关注异常交易行为，提高市场规范运作水平。2017 年 12 月召开的中央经济工作会议明确提出，"今后 3 年要重点抓好决胜全面建成小康社会的防范化解重大风险、精准脱贫、污染防治三大攻坚战。"其中，防范化解重大风险尤其是重点防控金融风险，对于加快推进供给侧结构性改革、形成金融体系和实体经济、期货市场和粮食经济等有机融合和良性循环具有重要意义。为此，尽快构建期货交易所与地方政府、行业协会、龙头企业、期货公司等共同参与的粮食行业服务体系，根据农产品现货市场形势发展变化，不断完善农产品期货产品设计、优化交易规则、改善市场参与者结构和加强期货市场监管，切实防范和尽力消除因产品设计缺陷、市场投机炒作、政府监管不到位等原因导致的风险隐患。

（五）加强农民教育培训和期货专业人才培养工作

加强农民教育培训工作，使之成为有文化、懂技术、会经营的新型农民。一方面，采取电视广播、报纸杂志、培训讲座等多种途径，向农民广泛宣传期货政策法规和专业知识，使广大农民真正了解到期货市场是规避农产品价格波动风险、促进农业结构调整和农民增收的有效途径。另一方面，期货交易所对农产品期货品种交割等级、质量标准都做了明确规定，只有达到相关技术标准的农产品才能进行期货交易，这就要求政府部门对广大农民尤其是种养大户、农机大户和基层农技推广人员进行农产品标准化生产技术培训，生产出符合期货市场标准要求的农产品。与此同时，鼓励有关高等院校开设农产品期货等相关专业，加强高等院校与期货交易所、期货经纪公司的联系，努力培养出更多的期货专业人才。

五、探索实施粮食目标价格补贴制度

（一）构建支农资金整合长效机制

以总体规划引导，坚持涉农资金整合和加强资金监管并重，以主导产业、优势区域和重点项目为重要平台，从财政预算编制环节入手抓好涉农资金源头整合，全面归并整合涉农部门专项资金，并加大不同层面、不同渠道涉农资金统筹使用力度，进一步创新财政支农投入引导机制，切实解决涉农资金使用过于分散、地方配套资金不足、资金监管漏洞频发等各类问题，充分发挥财政支农资金使用效率和效益。例如，从2016年起在全国全面推开农业"三项补贴"改革，将农作物良种补贴、种粮农民直接补贴和农资综合补贴合并为"农业支持保护补贴",推进农业"三项补贴"由激励性补贴向功能性补贴、由覆盖性补贴向环节性补贴转变,补贴政策目标调整为加强耕地地力保护和促进粮食适度规模经营,提高农业补贴政策的指向性、精准性和实效性。

(二) 用足用活用好 WTO 各种农业支持和保护政策

粮食目标价格差价补贴受到 WTO 黄箱政策限制,需要对补贴资金进行总量控制,目前一些发达国家目标价格差价补贴大多属于过渡性政策,而农业保险则属于绿箱政策,补贴资金不受总量限制,以各种农业保险的形式对种粮农民进行补贴比较常见,逐步扩大农业保险补贴规模是今后我国农业补贴政策调整的重要方向。与此同时,适应加快构建新型农业经营体系、加快发展现代农业的新形势,合理调整农业补贴政策和资金投向,新增农业补贴更多地向专业大户、家庭农场、农民合作社和新型农业社会化服务体系等方面倾斜,更多地向农业基础设施和生产服务、农业科技推广应用、农村资源环境和生态保护等方面,切实提高农业竞争力和发展后劲。进一步健全粮食主产区利益补偿机制和产销衔接机制,加大中央财政对农业转移支付力度,尤其是加大对粮食主产区财政转移支付力度和产粮大县奖励补助规模;综合考虑经济发展水平、财政收支状况等各种因素变化,逐步提高粮食补贴水平并不断优化补贴结构,合理简化粮食补贴资金发放程序并加强监管,促进农民持续增收和保障国家粮食安全。

(三) 加强粮食生产成本收益和价格走势监测

粮食生产成本收益是制定粮食目标价格的重要基础和前提条件。实现粮食生产完全成本准确测算是一项长期任务,需要有关部门共同努力,目前还不能对农民种粮的机会成本精确统计,以及农业生产过程中造成的资源浪费和环境污染的外部成本内部化,比较可行的途径是按照国家发展改革委价格司组织编写的《全国农产品成本收益资料汇编》要求，粮食总成本包括生产成本和土地成本两部分，其中生产成本又包括物质与服务费用、人工成本两部分；物质与服务费用分为直接费用和间接费用两部分，直接费用包括种子、化肥、农药、农膜、租赁作业、燃料动力、工具材料、技术服务等，间接费用包括固定资产折旧、保险费、管理费、财务费、销售费等。各地区要把粮食生产成本常规调查、专项调查、预测调查和应急调查有机结合起来，搭建各类涉农信息专业平台和综合平台，密切关注和跟踪监测国内外市场、期现货市场、收购批发零售各环节粮食价格走势变化，以及粮食种植面积、长势、墒情、单产、总产量和各类农资价格等相关指标的监测预测，为科学合理制定粮食目标价格提供参考依据。

（四）严格实施，防止"异化"

有一种看法认为，探索建立农产品目标价格制度就是一种保护价，这是一种误解。无疑，如前所述，实施农产品目标价格具有保护农民利益的效能。然而，现在要建立的是一种价格制度，探索推进农产品价格形成机制与政府补贴脱钩的改革，其效能远超过保护价的作用。这里，要防止单纯、片面地把目标价格当作"保护价"，使其从"生产支持"演化或"异化"为"收入支持"，失去了作为调控农产品基本价格形式的意义。众所周知，在东北三省和内蒙古，已先后于2016年、2017年对玉米、大豆实施"市场化收购＋生产者补贴"新机制。而对于小麦、稻谷等主要口粮，必须坚守"谷物基本自给、口粮绝对安全"的战略底线，在条件和时机尚未成熟时盲目推进"市场化收购＋生产者补贴"，可能面临着大范围农民卖粮难、农民收入明显下降、市场粮价大幅波动等各种风险，为此必须统筹考虑、稳妥推进，确保国家粮食安全。下一阶段，要继续坚持和完善小麦、稻谷最低收购价政策，在条件允许、时机成熟的情况下，可考虑对部分地区小麦、稻谷进行目标价格改革试点，若试点成功再逐步推广开来。

（五）加快推进法治粮食建设工作

要认真贯彻落实《国家粮食局关于粮食行政管理部门深入推进依法行政、加快建设法治粮食的意见》要求，加快推进《粮食安全保障法》立法工作，做好新修订的《中央储备粮管理条例》《粮食流通管理条例》（2016 年 2 月 6 日）学习宣传和贯彻落实工作；加快制修订地方性粮食法规和政府规章，做好粮食行业重点立法项目的可行性论证、项目调研、立项报批等工作，规范和加强中央储备粮代储资格、粮食收购资格等认定工作；尽快完善粮食流通监管长效机制，建立健全跨地区、跨部门粮食依法行政和执法检查合作机制，充分发挥"12325 全国粮食流通监管热线"作用，加大对压级压价、坑农害农、囤积居奇、操纵市场等违法违规行为打击力度，促进粮食市场平稳运行和保护种粮农民根本利益。

建议加快农产品期现货市场政策法规制修订工作，认真落实《粮食流通管理条例》《中央储备粮管理条例》《期货交易管理条例》等相关政策法规，尽快出台《期货法》《粮食法》等，完善粮食收购市场准入和退出制度，研究制定国有粮食企业进行套期保值的政策规定，增强期现货市场联动性。

参 考 文 献

著作部分

［1］Lester Brown. Who Will Feed China? Wake-up Call for a small Planet. New York：W. W. Norton & Company，1995.

［2］［美］C. P. 蒂默. 农业价格政策剖析［M］. 北京：中国人民大学出版社，1988.

［3］［美］P. W. 韦斯特霍夫. 粮价谁决定［M］. 北京：机械工业出版社，2011.

［4］［英］A. J. 雷纳，D. 科尔曼. 农业经济学前沿问题［M］. 北京：中国税务出版社，2000.

［5］［英］R. P. 帕特尔. 粮食战争——市场、权力和世界食物体系的隐形战争［M］. 北京：东方出版社，2008.

［6］白暴力. 价值价格通论［M］. 北京：经济科学出版社，2006.

［7］本书编写组. 党的十九大报告辅导读本［M］. 北京：人民出版社，2017.

［8］本书编写组编著. 中国农户利用期货市场研究［M］. 北京：中国金融出版社，2009.

［9］成致平. 价格改革三十年（1977—2006）［M］. 北京：中国市场出版社，2006.

［10］程国强. 中国粮食价格调控目标、机制与政策［M］. 北京：中国发展出版社，2012.

［11］程国强. 中国农业补贴制度设计与政策选择［M］. 北

京：中国发展出版社，2011.

[12] 丁声俊. 守望粮食三十年 [M]. 北京：中国农业出版社，2011.

[13] 樊明等. 种粮行为与粮食政策 [M]. 北京：社会科学文献出版社，2011.

[14] 樊琦、祁华清. 我国粮食价格支持政策的市场化转型路径研究 [M]. 北京：经济日报出版社，2017.

[15] 高帆. 中国粮食安全的理论研究与实证分析 [M]. 上海：上海人民出版社，2005.

[16] 顾尧臣. 世界粮食生产、流通和消费 [M]. 北京：中国财政经济出版社，2009.

[17] 国家发改委价格司编. 全国农产品成本收益资料汇编 [M]. 北京：中国统计出版社，2005—2017.

[18] 国家发展和改革委员会编写. 中华人民共和国国民经济和社会发展第十三个五年规划纲要辅导读本 [M]. 北京：人民出版社，2016.

[19] 国家发展委价格司. 全国农产品成本收益资料汇编 (2006) [M]. 北京：中国统计出版社，2007.

[20] 国家粮食局课题组. 粮食支持政策与促进国家粮食安全研究 [M]. 北京：经济管理出版社，2009.

[21] 国家粮食局课题组著. 粮食支持政策与促进国家粮食安全研究 [M]. 北京：经济管理出版社，2009.

[22] 国家粮食局主编. 中国粮食发展报告 (2017) [M]. 北京：中国社会出版社，2017.

[23] 国家统计局农村社会经济调查司编. 改革开放三十年农业统计资料汇编 [M]. 北京：中国统计出版社，2009.

[24] 国家统计局农村社会经济调查总队编. 中国农村统计年鉴 [M]. 北京：中国统计出版社，2003—2011.

[25] 黄季焜、邹亮亮、冀县卿. 中国的农地制度、农地流转

和农地投资［M］. 上海：格致出版社，2012.

　　［26］李经谋. 中国粮食市场发展报告［M］. 北京：中国财政经济出版社，2007—2017.

　　［27］刘守英、周飞舟、邵挺. 土地制度改革与转变发展方式［M］. 北京：中国发展出版社，2012.

　　［28］马文杰. 中国粮食综合生产能力研究［M］. 北京：科学出版社，2010.

　　［29］茅于轼、赵农. 中国粮食安全靠什么［M］. 北京：知识产权出版社，2011.

　　［30］农业部. 中国农业发展报告（2010 年）［M］. 北京：中国农业出版社，2010.

　　［31］农业农村部市场预警专家委员会. 中国农业展望报告（2017—2026）［M］. 中国农业科学技术出版社，2017.

　　［32］农业部农村经济研究中心课题组编. 粮食流通体制改革与产业损害补偿机制研究［M］. 北京：中国农业出版社，2018.

　　［33］彭森. 中国价格改革三十年：1978～2008［M］. 北京：中国市场出版社，2010.

　　［34］宋洪远. 中国农村改革三十年［M］. 北京：中国农业出版社，2008.

　　［35］王士海. 中国粮食价格调控的政策体系及其效应研究［M］. 北京：中国农业科学技术出版社，2016.

　　［36］王雅鹏等. 中国粮食生产、流通与储备协调机制研究［M］. 北京：科学出版社，2012.

　　［37］王耀鹏. 中国粮食流通财税金融支持政策研究［M］. 北京：经济管理出版社，2010.

　　［38］习近平. 习近平谈治国理政（第二卷）［M］. 北京：外文出版社，2017.

　　［39］肖国安、王文涛. 中国粮食安全报告［M］. 北京：红旗出版社，2009.

［40］虞洪. 种粮主体行为变化对粮食安全的影响及对策研究
［M］. 北京：经济科学出版社，2017.

［41］张辰利等. 农产品期货与农业生产［M］. 北京：金盾出版社，2012.

［42］张红玉. 我国粮食补贴政策研究［M］. 北京：立信会计出版社，2010.

［43］赵小平. 重大价格问题研究［M］. 北京：中国市场出版社，2006.

［44］中共中央宣传部. 习近平新时代中国特色社会主义思想三十讲［M］. 北京：学习出版社，2018.

［45］中国农业年鉴编辑部编. 中国农业年鉴［M］. 北京：中国农业出版社，2007—2017.

［46］中国物价年鉴编辑部. 中国物价年鉴［M］. 北京：中国物价出版社，2007—2017.

［47］中国证券监督管理委员会编. 中国证券期货统计年鉴
［M］. 北京：学航出版社，2007—2017.

［48］朱强. 农地经营权资本化流转研究［M］. 北京：光明日报出版社，2012.

论文部分及相关网站

［1］Avalos H. Fighting Words：Religion，Violence，and the Interpretation of Sacred Texts. Edited by John Renard［J］. Journal of the American Academy of Religion，2014，82（3）：877－879.

［2］Brand Gilmour and Fred Gale. Transportation and Distribution：Will Bottlenecks Be Eliminated？ In China's Food and Agriculture：Issue for the 21st Century，Gale，F（ed.）. USDA-ERS Bulletin No. 775，2002.

［3］Collies K J. The role of biofuels and other factors in increasing farm and food prices：a review of recent developments with a focus on feed grain markets and market prospects [M]. K. Collies, 2008.

[4] Getaw Tadesse, Bernardina Algieri, Matthias Kalkuhl, Joachim von Braun. Drivers and triggers of international food price spikes and volatility [J]. Food Policy, 2014 (47): 117 - 128.

[5] Gregorio J D. Commodity Prices, Monetary Policy, and Inflation [J]. Imf Economic Review, 2012, 60 (4): 600 - 633.

[6] Lagi M, Baryam Y, Bertrand K Z, et al. The Food Crises: A quantitative model of food prices.

[7] LI Wen-cai, QIU Jian-jun, QIU Feng. Analysis of Factors Influencing Farmer and Herdsman's Operating Behavior in Crop Production, Asian Agricultural Research, 2012, 4 (4).

[8] MEN Ke-pei; ZHU Shu-dan; ZHAO Kai. Forecast of Grain Production of China during the Twelfth Five-Year Plan Period, Asian Agricultural Research, 2011 (5).

[9] Mitchell D. A Note on Rising Food Prices [J]. Policy Research Working Paper, 2010.

[10] Piesse J, Thirtle C. Three bubbles and a panic: an explanatory review of recent food commodity price events. Food Policy, 2009, 34 (2): 119 - 129.

[11] Sartwelle, James. The Effect of Personal and Farm Characteristics upon Grain Marketing Practices, Southern Agricultural Economics Association, 2000 (4).

[12] Siddique Ahmed, Chamhuri Siwar, Basri Abdul Talib, Norshamliza Chamhuri. Rabiul Islam. Tackling Food Price Volatility: The Challenge of the Days to Come [J]. UMK Procedia, 2014 (1): 103 - 113.

[13] Thompson W, Meyer S, Westhoff P. Haw does petroleum price and corn yield volatility ethanol markets with and without an ethanol use mandate? [J]. Energy Policy, 2009, 37 (2): 745 - 749.

Timmer C P. Reflections on food crises past. Food Policy, 2010, 35 (1)：111.

［14］Woodford M. Fiscal Requirements for Price Stability. Journal of Money, Credit and Banking, 2001, Vol. 33 (3).

［15］G30 秘书处、本刊编辑部.“一带一路”大流通与中国流通业“走出去”［J］.中国流通经济, 2017, 31 (6).

［16］2012 年外汇占款增量降逾八成［DB/OL］.东方财富网, http：//news. gtxh. com/news/20130116/buxiugangcailiao_712946567. html.

［17］2013—2017 年中央农村工作会议［R］.新华网, http：//news. xinhuanet. com.

［18］中共中央关于全面深化改革若干重大问题的决定［R］.新华社, 2013. 11. 15.

［19］白选杰.构建农户生产与农产品期货市场对接桥梁［J］.求索, 2012 (7).

［20］蔡昉、王美艳.从穷人经济到规模经济——发展阶段变化对中国农业提出的挑战［J］.经济研究, 2016 (5).

［21］蔡慧.中国小麦期货价格行为的实证研究［J］.大麦与谷类科学, 2007 (1).

［22］蔡胜勋.我国农民利用农产品期货市场的再思考［J］.河南大学学报 (社会科学版), 2008 (3).

［23］蔡胜勋.论期货市场在农业结构调整中的作用［J］.河南大学学报 (社会科学版), 2010, 50 (2).

［24］曹筠.国内粮食价格影响因素的主成分分析［J］.北方经济, 2009 (4).

［25］曾福生、周静.新常态下中国粮食供求平衡新思路［J］.农业现代化研究, 2017, 38 (4).

［26］曾善静.粮食收购价格与粮价稳定的关系研究［J］.广西大学学报 (哲学社会科学版), 2011 (2).

［27］陈冬冬、王川、张峭.我国粮食生产态势分析及政策选

择［J］.中国食物与营养，2011（12）.

［28］陈洪义等.粮食生产成本逐年刚性增长如何提高种植收益［N］.黑龙江日报，2012.3.8.

［29］陈卫洪、谢晓英.气候灾害对粮食安全的影响机制研究［J］.农业经济问题，2013，34（1）.

［30］陈晓.完全竞争、信息与农产品价格：以猪肉价格为例［J］.价格月刊，2011（12）.

［31］陈晓玲、产颖.对实行粮食最低收购价政策的效果评析［J］.黑龙江对外贸易，2011（4）.

［32］陈晓暾、祝福云、黄天柱.我国粮食价格变动因素分析及其稳定机制的选择［J］.价格理论与实践，2013（8）.

［33］陈艳、叶慧、王雅鹏.农民农业收入增长影响因素通径分析［J］.商业研究，2005（23）.

［34］程琳.从期货市场反观我国粮食政策的扭曲效应——基于结构突变的视角［J］.学习与实践，2016（3）.

［35］戴春芳、贺小斌、冷崇总.改革开放以来我国粮食价格波动分析［J］.价格月刊，2008（6）.

［36］戴化勇、钟钰.高库存背景下的粮食安全与政策改革研究［J］.农村经济，2016（5）.

［37］党的十八大报告［R］.新华网，http：//www. xinhuanet. com/politics/yj18d/.

［38］党的十九大报告［R］.新华网，http：//www. xinhuanet. com/.

［39］党的十七届三中全会.中共中央关于推进农村改革发展若干重大问题的决定［R］.2008.10.12.

［40］党的十七届五中全会.中共中央关于制定国民经济和社会发展第十二个五年规划的建议［R］.2010.10.18.

［41］邓大才.我国粮食生产成本的结构演化及发展趋势［J］.中州学刊，2008（7）.

[42] 邓卫华、潘林青. 谁推高了农产品价格 [J]. 农村工作通讯，2010（23）.

[43] 丁暐. 中国农产品期货价格指数与宏观经济变量波动关系分析 [D]. 陕西师范大学硕士学位论文，2009.

[44] 丁声俊. 探索建立农产品目标价格制度 [J]. 价格理论与实践，2014（8）.

[45] 丁声俊. 对当前主要农产品价格态势的思考 [J]. 中国粮食经济，2010（12）.

[46] 丁文恩. 新常态下粮食安全隐忧及保障机制研究 [J]. 农村经济，2016（9）.

[47] 董杰辉. 进一步加强我国价格总水平调控的思考 [J]. 中国物价，2010（8）.

[48] 董振国、苏万明、王军伟. 中国农业进入高成本时代 [J]. 北京农业，2011（1）.

[49] 段雯斐. 我国农产品价格波动对居民食品消费支出的影响 [J]. 商业文化，2012（4）.

[50] 樊琦、祁华清. 国内外粮价倒挂下粮食价格调控方式转型研究 [J]. 2015（9）.

[51] 范东君. 粮食产量影响因素的实证分析与贡献率测算 [J]. 湖南工业大学学报，2011（9）.

[52] 方向明、刘成. 以信息化为先导推动农业现代化建设：挑战和应对策略 [J]. 新疆师范大学学报（哲学社会科学版），2018，39（4）.

[53] 付莲莲、邓群钊、翁异静. 国际原油价格波动对国内农产品价格的传导作用量化分析——基于通径分析 [J]. 资源科学，2014，36（7）.

[54] 甘爱平、王胜英、张丽. 农产品期货市场与新农村建设的现代化 [J]. 当代经济研究，2007（5）.

[55] 高倩倩、邢秀凤、姚传进. 基于逐步回归分析的粮食产

量影响因素研究［J］.当代经济，2010（5）.

［56］公茂刚、王学真.国际粮价波动规律及对我国粮食安全的影响与对策［J］.经济纵横，2016（3）.

［57］顾国建.农产品价格高涨被无视的制度性与技术性因素［J］.商场现代化，2011（9）.

［58］官平.期货仍是"散户市"机构客户占比仅2%［N］.中国证券报，2015.11.25.

［59］桂咏评、李双妹.国际粮食价格对我国通货膨胀的影响分析［J］.农业经济与管理，2011（6）.

［60］郭峰、杜晓力.主要农产品价格走势分析及预测［J］.农业展望，2011（1）.

［61］郭玮、方松海.粮食市场调控应促进粮食价格稳定上涨［N］.农民日报，2011.12.19.

［62］国家发改委网站：http：//www.sdpc.gov.cn.

［63］国家发展改革委、国家粮食局.粮食行业"十三五"发展规划纲要［R］.国家粮食和物资储备局门户网站，2016.10.13.

［64］国家发展改革委.全国农村经济发展"十三五"规划［R］.国家发展改革委网站，2016.10.27.

［65］国家粮食安全中长期规划纲要（2008—2020年）［R］.新华社，2008.11.13.

［66］国家粮食局.粮食行业"十一五"回顾之四：国有粮食企业改革和发展取得积极进展［R］.国家粮食局网站，2011.3.7.

［67］国家粮食局.全国粮食市场体系建设与发展"十二五"规划［N］.中国政府网，2012.1.21.

［68］国家粮食局关于加快推进粮食行业供给侧结构性改革的指导意见［R］.国家粮食和物资储备局网站，2016.7.19.

［69］国家粮食局网站：http：//www.chinagrain.gov.cn.

［70］国家统计局.历年农民工监测调查报告［R］.国家统计局网站，2008—2017.

［71］国家统计局网站：http：//www. stats. gov. cn.

［72］国务院．全国国土规划纲要（2016—2030 年）［R］．中国政府网站，2017. 1. 3.

［73］国务院．全国农业现代化规划（2016—2020 年）［R］．中国政府网站，2016. 10. 17.

［74］国务院办公厅关于加快推进农业供给侧结构性改革大力发展粮食产业经济的意见［C］．中国政府网站，2017. 9. 8.

［75］国务院关于进一步深化粮食流通体制改革的意见［R］．中国政府网，2005. 8. 12.

［76］海燕．我国将逐渐进入高价农产品时代［N］．中国商报，2010. 11. 2.

［77］韩喜艳．补贴流通：稳定农产品价格的另一种思路［J］．价格月刊，2012（8）.

［78］杭东．什么是农产品涨价的真正诱因［N］．广州日报，2010. 11. 15.

［79］何蒲明、黎东升、王雅鹏．粮食产量与价格波动的相互关系研究［J］．经济经纬，2013（1）.

［80］何蒲明、黎东升、王雅鹏．市场化改革前后中国粮食生产和价格波动比较研究［J］．中国农业资源与区划，2010（5）.

［81］何蒲明、朱信凯．我国粮食价格波动与 CPI 关系的实证研究［J］．农业技术经济，2012（2）.

［82］贺伟、朱善利．我国粮食托市收购政策研究［J］．中国软科学，2011（9）.

［83］贺伟．我国粮食最低收购价政策的现状、问题及完善对策［J］．宏观经济研究，2010（10）.

［84］红花．我国农产品期货市场存在的问题及其对策［J］．内蒙古工业大学学报（社会科学版），2009（2）.

［85］洪涛．2013 年中国粮食是否"十连贯"［DB/OL］．中国经济网，http：//blog. ce. cn/html/60/617660-1711420. html.

［86］洪涛．解决农产品价格大幅波动问题应从源头着手［N］．消费日报，2010.12.1.

［87］胡昌方．农村土地抛荒现象不容忽视［N］．农民日报，2010.6.12.

［88］胡超．国际粮价波动影响因素研究［D］．江西财经大学硕士学位论文，2014.

［89］胡瑞涛、徐天祥．大宗农产品供求关系及价格形成机制的研究［J］．学理论，2012（5）．

［90］胡延松．农产品价格形成机制和波动性［J］．经济导刊，2010（9）．

［91］黄汉权、钟真．近年来我国种粮成本与收益研究［N］．粮油市场报，2010.7.3.

［92］黄季焜、马恒运．为什么我国农产品的国际竞争力存在较大差别［J］．现代农业，2012（5）．

［93］黄羽雪．玉米期货市场定价偏差研究［D］．吉林大学硕士学位论文，2007.

［94］贾兆立．中国玉米期货市场价格发现功能实证研究［D］．首都师范大学硕士学位论文，2009.

［95］江东坡．贸易自由化进程中的中国粮食安全研究［D］．西北农林科技大学硕士学位论文，2001.

［96］姜长云．关于解决当前粮食库存问题的思考［J］．中国发展观察，2016（14）．

［97］降蕴彰．地方债高悬之忧：隐性债务的水有多深［N］．财经网，2018.7.10.

［98］敬艳辉．我国市场粮价波动影响因素的实证研究［D］．西南财经大学硕士学位论文，2007.

［99］亢霞．当前我国粮食支持政策存在的主要问题及对策建议［J］．中国粮食经济，2009（1）．

［100］亢霞．新中国成立60年来我国粮食价格政策演变和实

践研究 [J]. 中国粮食经济, 2010 (4).

[101] 雷敏. 物价"组合拳"效应初显 部分农产品价格回落 [N]. 中国信息报, 2010. 12. 1.

[102] 冷崇总. 我国粮食价格波动问题研究 [J]. 价格与市场, 2008 (7).

[103] 李光泗. 中国粮食期货市场的现状与问题研究 [J]. 南京财经大学学报, 2008 (3).

[104] 李海远. 我国农产品期货市场功能研究——基于农业发展的视角 [D]. 西北农林科技大学硕士学位论文, 2010.

[105] 李汉光、张涛剑. 粮食价格波动与经济周期的关联性初探 [J]. 农业发展与金融, 2012 (6).

[106] 李慧. 粮食收储: 怎样破解"小马拉大车"困局 [N]. 光明日报, 2016. 3. 21.

[107] 李经谋、杨光焰. 对市场开放后我国粮食价格调控问题的反思 [J]. 粮食问题研究, 2008 (2).

[108] 李敬辉、范志勇. 利率调整和通货膨胀预期对大宗商品价格波动的影响——基于中国市场粮价和通货膨胀关系的经验研究 [J]. 经济研究, 2005 (6).

[109] 李静. 农产品价格季节指数测定方法的实证偏差研究 [J]. 榆林学院学报, 2012, 22 (3).

[110] 李宁. 我国粮食生产成本变化的总趋势及其规律分析 [J]. 价格理论与实践, 2008 (9).

[111] 李先国、于潇宇、杨晶. 产销各环节成本对农产品价格形成的贡献率研究——以北京市场为例 [J]. 东南大学学报 (哲学社会科学版), 2016, 18 (1).

[112] 廖杉杉、鲁钊阳. 农产品价格波动对农民收入增长的影响研究 [J]. 商业经济研究, 2017 (17).

[113] 林鑫、何凌云、安毅. 国际农产品价格波动对中国宏观经济影响效应研究——基于 CGE 模型 [J]. 中国农学通报,

2010，26（19）.

［114］刘成武、黄利民．农地边际化过程中农户土地利用行为变化及其对粮食生产的影响［J］．地理研究，2015，34（12）.

［115］刘凤梅．我国农产品期货市场发展的制约因素及其对策分析［J］．山东省农业管理干部学院学报，2012，29（3）.

［116］刘慧、李宁辉．我国小宗农产品价格波动趋势及其预测——以绿豆为例的分析［J］．价格理论与实践，2012（6）.

［117］刘庆富、张金清．我国农产品期货市场的价格发现功能研究［J］．产业经济研究，2006（1）.

［118］刘涛．三级供应链下农产品价格上涨的博弈分析及对策研究［J］．安徽农业科学，2011，39（35）.

［119］刘向东．近期农产品涨价对我国物价走势的影响［J］．中国物价，2010（12）.

［120］刘笑然．去除粮食高库存是当务之急［J］．中国粮食经济，2015（9）.

［121］刘妍杉．国家粮食临时收储政策问题研究［D］．中央民族大学硕士学位论文，2016.

［122］刘宇．国际粮价与国内粮价波动的相关性研究——基于2001—2012年4月的数据分析［J］．价格理论与实践，2012（5）.

［123］刘元春．价格控制须重视农产品定价机制变化［J］．农村工作通讯，2010（24）.

［124］刘振东．我国货币严重超发M2逼近百万亿［N］．经济参考报，2013.1.11.

［125］刘铮．2011年全国农民工总量达到25278万人 增长4.4%［N］．人民日报海外版，2012.4.28.

［126］鲁晓东．对我国粮食最低收购价政策的思考［J］．中国粮食经济，2010（6）.

［127］鲁晓东．新形势下我国粮食宏观调控面临的三个难点

[J]. 调研世界，2010 (11).

[128] 陆慧. 我国粮食价格波动影响因素及特征分析 [J]. 安徽农业科学，2011，39 (4).

[129] 罗锋、牛宝俊. 国际农产品价格波动对国内农产品价格的传递效应——基于 VAR 模型的实证研究 [J]. 国际贸易问题，2009 (6).

[130] 罗光强、谢卫卫. 农产品价格波动的季节性特征研究——基于对我国猪肉市场价格波动的分析 [J]. 价格理论与实践，2012 (6).

[131] 罗永恒. 中国农产品价格波动对经济增长影响的实证研究 [J]. 财经理论与实践，2012 (4).

[132] 吕晨钟. 当前我国农产品批发价格走势分析 [J]. 广东农业科学，2014 (3).

[133] 马木炎. 发挥市场决定性作用推进粮食价格支持政策改革 [J]. 中国粮食经济，2015 (1).

[134] 马跃峰. 山东济宁因采煤造成土地塌陷达 35 万亩 [N]. 人民日报，2010.6.8.

[135] 马增俊. 中国农产品批发市场发展 30 年回顾及展望 [J]. 中国流通经济，2015 (5).

[136] 毛学峰、曾寅初. 基于时间序列分解的生猪价格周期识别 [J]. 中国农村经济，2008 (12).

[137] 苗珊珊. 粮食价格波动对农村与城镇人口福利变动的影响差异分析 [J]. 财贸研究，2014 (5).

[138] 宁启文、赵经平. 进一步发挥好龙头企业带农惠农作用 [N]. 农民日报，2011.8.31.

[139] 农业部. 全国种植业结构调整规划 (2016—2020 年) [R]. 农业农村部网站，2016.4.11.

[140] 农业部. 全国农业和农村经济发展第十一个五年规划 (2006—2010 年) [R]. 2006.8.3.

［141］农业部关于推进农业供给侧结构性改革的实施意见
［R］．农业农村部网站，2017.1.26.

［142］农业部网站：http：//www. agri. gov. cn.

［143］农业产业化将跨越发展龙头企业进入发展最好时期
［N］．中国网，2012.3.26.

［144］欧阳瑜．农贸市场与超市农产品价格形成特征的比较
分析［J］．现代经济信息，2011（24）．

［145］潘建伟、张立中、胡天石．基于流通视角的农产品价
格传导机制研究［J］．农业技术经济，2018（6）．

［146］庞贞燕、刘磊．期货市场能够稳定农产品价格波动
吗——基于离散小波变换和 GARCH 模型的实证研究［J］．金融研
究，2013（11）．

［147］裴辉儒、孙晓亮、陈领．中国农产品价格波动对 CPI
的影响分析［J］．经济与管理，2011，25（11）．

［148］联合国粮食及农业组织．www. fao. org/.

［149］彭克强、鹿新华．中国财政支农投入与粮食生产能力
关系的实证分析［J］．农业技术经济，2010（9）．

［150］漆晓静．我国农产品生产价格对农产品净出口的影响
［J］．甘肃农业，2007（6）．

［151］漆星灿．当前农产品价格波动原因分析——基于川西
北农村农业信息化现状调查［J］．新西部，2011（35－36 合期）．

［152］全国新增 1000 亿斤粮食生产能力规划（2009—2020
年）［R］．中央政府门户网站，2009.11.3.

［153］任军军、王文举．完善粮食最低收购价政策保障国家
粮食安全［J］．中国农村科技，2010（4）．

［154］尚强民．粮食流通领域的五大挑战［J］．中国粮食经
济，2015（1）．

［155］宋锋、王雅琳、莫魏林等．粮食经纪人在粮食流通环
节中的作用与监管［J］．粮食科技与经济，2017，42（4）．

[156] 宋婷、陶建平. 农产品价格波动对农业保险需求影响的研究 [J]. 价格理论与实践, 2017 (11).

[157] 孙彬等. 全国耕地10%遭重金属污染 东北黑土地或消失 [N]. 经济参考报, 2012. 6. 11.

[158] 孙超、孟军. 中国粮食价格的影响因素分析与预测比较——基于支持向量机的实证研究 [J]. 农业经济, 2011 (1).

[159] 孙国学. 粮食价格机制及其实现形式 [J]. 农业经济, 2010 (11).

[160] 孙梅君、李平. 我国农业步入高成本阶段 [N]. 中国信息报, 2008. 9. 16.

[161] 孙中叶、黄向阳. 粮食收储政策的国际比较及启示 [J]. 粮食科技与经济, 2015, 40 (3).

[162] 涂涛涛、马强、李谷成. 极端气候冲击下中国粮食安全的技术进步路径选择——基于动态 CGE 模型的模拟 [J]. 华中农业大学学报 (社会科学版), 2017 (4).

[163] 王川. 我国粮食期货市场与现货市场价格关系的研究 [D]. 中国农科院农业信息研究所博士学位论文, 2009.

[164] 王川. 我国粮食市场价格的影响因素分析 [J]. 农业经济, 2010 (7).

[165] 王家显. 探析我国农产品价格"过山车"现象 [J]. 价格理论与实践, 2011 (11).

[166] 王健、黄祖辉. 我国大豆期货市场价格发现功能的实证研究 [J]. 农业技术经济, 2006 (3).

[167] 世界银行官网. www. shihang. org/.

[168] 王兢、梁娜. 完善我国农产品价格形成机制的对策展望——基于中、日两国典型农产品流通渠道特征的比较研究 [J]. 农业展望, 2011 (10).

[169] 王锟. 农产品期货市场对农产品价格的调节机制 [J]. 甘肃农业, 2006 (1).

[170] 王倩、肖渊实、余劲．农地流转对农户土地利用行为及效果影响探究 [J]．中国农业资源与区划，2016，37 (2)．

[171] 王琴英．我国农产品价格预期对通货膨胀影响的实证分析 [J]．价格理论与实践，2011 (4)．

[172] 王青华、陈棣．我国粮食生产周期波动与粮食安全分析 [J]．经济纵横，2006 (3)．

[173] 王儒敬．我国农业信息化发展的瓶颈与应对策略思考 [J]．中国科学院院刊，2013，28 (3)．

[174] 王汝芳．中国农产品期货价格发现功能的实证研究 [J]．北京工商大学学报 (社会科学版)，2009 (7)．

[175] 王士海、李先德．粮食最低收购价政策托市效应研究 [J]．农业技术经济，2012 (4)．

[176] 王文举．完善粮食最低收购价格政策　保障我国粮食安全 [J]．价格月刊，2010 (10)．

[177] 王燕青、姚灵、简林强、武拉平．临时收储政策及其改革对农产品期货市场的影响 [J]．农业现代化研究，2017，38 (1)．

[178] 王艺明．外部金融冲击下的稳定政策与农产品价格 [J]．厦门大学学报 (哲学社会科学版)，2009 (2)．

[179] 魏书光．期市成交全球第一期权时代渐行渐近 [N]．证券时报，2012. 11. 9．

[180] 薛和斌．我国棉花期货市场功能的实证分析及对相关产业的启示 [D]．上海交通大学硕士学位论文，2007．

[181] 温丽．农村劳动力流动影响农产品价格的实证研究——基于 VEC 模型的方法 [J]．安徽农业科学，2010，38 (33)．

[182] 文华财经网站：http：//www. webstock. com. cn．

[183] 吴彩虹．提高农民文化素质是加快新农村建设的当务之急 [N]．遵义日报，2012. 5. 21．

[184] 吴震等．2010 年中国合作经济年度发展报告 [R]．中

国合作经济，2011（6）.

[185] 夏天、冯利臣. 中国玉米期货市场的价格引导作用究竟有多大——基于 VECM 模型的实证分析 [J]. 农业经济研究，2007（6）.

[186] 肖争艳、安德燕、易娅莉. 国际大宗商品价格会影响我国 CPI 吗——基于 BVAR 模型的分析 [J]. 经济理论与经济管理，2009（8）.

[187] 谢亚轩. 粮价波动在于通胀预期：关于自然灾害、粮食价格和通胀的思考 [R]. 招商证券，2010.8.9.

[188] 新农网. http://www.xinnong.com.

[189] 徐宏峰. 基于新农村建设农业规模经营可复制式探讨 [J]. 安徽农业科学，2007（12）.

[190] 徐雪高. 新一轮农产品价格波动周期：特征、机理及影响 [J]. 财经研究，2008（8）.

[191] 许光宇、李阳阳、毛成龙. 影响我国粮食产量因素的计量经济学研究 [J]. 中国集体经济，2011（5）.

[192] 许岩. 农产品价格中长期仍将保持上涨趋势 [N]. 证券时报，2010.11.26.

[193] 杨红旗. 我国粮食补贴政策的实践与思考 [J]. 贵州农业科学，2010，39（2）.

[194] 杨惠珍、韦敬楠、张立中. 我国粮食期货市场价格发现功能的实证分析——以玉米和小麦市场为例 [J]. 价格月刊，2017（5）.

[195] 杨军、黄季焜、李明、尚强. 我国货币供应量对农产品价格影响分析及政策建议 [J]. 农村金融研究，2011（12）.

[196] 杨丽莎. 农产品价格变动对农民收入的影响研究 [J]. 改革与战略，2011（9）.

[197] 杨培源. 农产品价格：市场机制失灵与公共政策选择 [J]. 价格月刊，2012（8）.

[198] 杨树林．我国农产品期货市场服务"三农"的问题与对策 [J]．中外企业家，2011 (10)．

[199] 杨煜安局长在全市国有粮食企业改革和扭亏增盈工作座谈会上的讲话 [R]．铜川市粮食局网站，2012.10.16.

[200] 杨正位．粮食收储体制：弊端、经验及改革对策 [J]．中国浦东干部学院学报，2017，11 (5)．

[201] 杨志海、王雅鹏．农产品价格波动与通货膨胀关系的实证研究 [J]．统计与决策，2011 (24)．

[202] 尹靖华．国际能源对粮食价格传导的生产成本渠道研究 [J]．华南农业大学学报（社会科学版），2016，15 (6)．

[203] 游宏炳．论我国粮食安全及其宏观调控能力建设 [J]．学习与实践，2010 (11)．

[204] 占辉斌、胡庆龙．农地规模、市场激励与农户施肥行为 [J]．农业技术经济，2017 (11)．

[205] 张昊．中国央行总资产4.5万亿美元　超越美联储成全球最大 [N]．第一财经日报，2012.4.23.

[206] 张兰．输入型通货膨胀特点及治理策略 [J]．企业研究，2012 (6)．

[207] 张利庠、陈秀兰．论我国粮食价格调控措施的绩效及趋势 [J]．粮食决策参考，2010 (2)．

[208] 张利庠、彭辉、靳兴初．不同阶段化肥施用量对我国粮食产量的影响分析 [J]．农业技术经济，2008 (4)．

[209] 张利庠、张喜才、陈姝彤．游资对农产品价格波动有影响吗——基于大蒜价格波动的案例研究 [J]．农业技术经济，2010 (12)．

[210] 张桃林．我国农业科技成果转化率仅为30% [N]．中国经济报，2009.3.7.

[211] 张小艳、孙爱军．小麦期货风险监控模型实证研究 [J]．中国管理科学，2007 (10)．

［212］张旭青．粮食生产中资本投入与劳动投入的替代弹性
［J］．江苏农业科学，2016，44（11）．

［213］张有望、李剑．粮食期货与现货市场价格波动溢出效
应［J］．华中农业大学学报（社会科学版），2017（1）．

［214］张煜晴．山东采煤塌陷地面积超百万亩 济宁泰安枣庄
最严重［N］．齐鲁网，2016.9.26.

［215］张中文．我国粮食产量影响因素的实证分析［J］．湖南
行政学院学报，2011（3）．

［216］张忠明、钱文荣．农民土地规模经营意愿影响因素实
证研究——基于长江中下游区域的调查分析［J］．中国土地科学，
2008，22（3）．

［217］赵地．完善我国农产品价格支持政策的几点思考［J］．
价格理论与实践，2009（11）．

［218］赵越、杨楠．中国粮食产量影响因素的实证分析［J］．
知识经济，2012（5）．

［219］中共中央国务院关于实施乡村振兴战略的意见［R］．
新华社，2018.2.4.

［220］中国海关网站：http：//www. customs. gov. cn.

［221］中国粮食商情网：http：//www. chinagrain. con. cn.

［222］中国农产品批发网：http：//www. chinancp. cn.

［223］中国农业经济学会委托课题组．农产品价格波动：形
成机理与市场调控［J］．经济研究参考，2012（28）．

［224］中国农业信息网：http：//www. agri. gov. cn/.

［225］中华粮网：http：//www. cngrain. com.

［226］中央农林专业委员会．搭建3G信息化平台 创新基层
农技推广体系［J］．中国农村科技，2012（7）．

［227］钟钰、秦富．我国价格支持政策对粮食生产的影响研
究［J］．当代经济科学，2012（3）．

［228］周峰、罗湘雄．农产品价格上涨对其他部门的波及效

应［J］.经营与管理，2012（8）.

［229］周广.中国农产品期货市场有效性问题的实证研究
［D］.重庆大学硕士学位论文，2009.

［230］周应恒、邹林刚.中国大豆期货市场与国际大豆期货
市场价格关系研究——基于 VAR 模型的实证分析［J］.农业技术
经济，2007（1）.

［231］周志和.推进粮食流通产业现代化是确保粮食安全的
战略大计［J］.中国党政干部论坛，2015（3）.

［232］朱磊、贺小莉.天津粮食发展：现状及影响因素［J］.
中国食物与营养，2009（2）.

［233］朱满德.中国粮食宏观调控的成效和问题及改革建议
［J］.农业现代化研究，2011，32（4）.

［234］朱险峰.国际粮价与国内粮价关系分析［N］.期货日
报，2007.9.27.

［235］邹凤羽.我国粮食流通支持政策面临的困局与粮食流
通市场化改革［J］.农业经济，2017（6）.